*L'empire
des
signes*

ROLAND BARTHES

L'empire des signes

LES SENTIERS DE LA CRÉATION
Editions d'Art Albert Skira S.A.
Genève

FLAMMARION
26, rue Racine, Paris (VIᵉ)

à Maurice Pinguet

ISBN 2-605-00000-I

Le texte ne «commente» pas les images. Les images n'«illustrent» pas le texte: chacune a été seulement pour moi le *départ d'une sorte de vacillement visuel, analogue peut-être à cette* perte de sens *que le Zen appelle un* satori ; *texte et images, dans leur entrelacs, veulent assurer la circulation, l'échange de ces signifiants : le corps, le visage, l'écriture, et y lire le recul des signes.*

LÀ-BAS

Si je veux imaginer un peuple fictif, je puis lui donner un nom inventé, le traiter déclarativement comme un objet romanesque, fonder une nouvelle Garabagne, de façon à ne compromettre aucun pays réel dans ma fantaisie (mais alors c'est cette fantaisie même que je compromets dans les signes de la littérature). Je puis aussi, sans prétendre en rien représenter ou analyser la moindre réalité (ce sont les gestes majeurs du discours occidental), prélever quelque part dans le monde *(là-bas)* un certain nombre de traits (mot graphique et linguistique), et de ces traits former délibérément un système. C'est ce système que j'appellerai: le Japon.

L'Orient et l'Occident ne peuvent donc être pris ici comme des «réalités», que l'on essaierait d'approcher et d'opposer historiquement, philosophiquement, culturellement, politiquement. Je ne regarde pas amoureusement vers une essence orientale, l'Orient m'est indifférent, il me fournit simplement une réserve de traits dont la mise en batterie, le jeu inventé, me permettent de «flatter» l'idée d'un système symbolique inouï, entièrement dépris du nôtre. Ce qui peut être visé, dans la considération de l'Orient, ce ne sont pas d'autres symboles, une autre métaphysique, une autre sagesse (encore que celle-ci apparaisse bien désirable); c'est la possibilité d'une différence, d'une mutation, d'une révolution dans la propriété des systèmes symboliques. Il faudrait faire un jour l'histoire de notre propre obscurité, manifester la compacité de notre narcissisme, recenser le long des siècles les quelques appels de différence que nous avons pu parfois entendre, les récupérations idéologiques qui ont immanquablement suivi et qui consistent à toujours acclimater notre inconnaissance de l'Asie grâce à des langages connus (l'Orient de Voltaire, de la *Revue Asiatique*, de Loti ou d'*Air France*). Aujourd'hui il y a sans doute mille choses à apprendre de l'Orient: un énorme travail de *connaissance* est, sera nécessaire (son retard ne peut être que le résultat d'une occultation idéologique); mais il faut aussi que, acceptant de laisser de part et d'autre d'immenses zones d'ombre (le Japon capitaliste, l'acculturation américaine, le développement technique), un mince filet de lumière cherche, non d'autres symboles, mais la fissure même du symbolique. Cette fissure ne peut apparaître au niveau des produits culturels: ce qui est présenté ici n'appartient pas (du moins on le souhaite) à l'art, à l'urbanisme japonais, à la cuisine

MU, le vide

japonaise. L'auteur n'a jamais, en aucun sens, photographié le Japon. Ce serait plutôt le contraire : le Japon l'a étoilé d'éclairs multiples ; ou mieux encore : le Japon l'a mis en situation d'écriture. Cette situation est celle-là même où s'opère un certain ébranlement de la personne, un renversement des anciennes lectures, une secousse du sens, déchiré, exténué jusqu'à son vide insubstituable, sans que l'objet cesse jamais d'être signifiant, désirable. L'écriture est en somme, à sa manière, un *satori* : le satori (l'événement Zen) est un séisme plus ou moins fort (nullement solennel) qui fait vaciller la connaissance, le sujet : il opère un *vide de parole*. Et c'est aussi un vide de parole qui constitue l'écriture ; c'est de ce vide que partent les traits dont le Zen, dans l'exemption de tout sens, écrit les jardins, les gestes, les maisons, les bouquets, les visages, la violence.

LA LANGUE INCONNUE

Le rêve: connaître une langue étrangère (étrange) et cependant ne pas la comprendre: percevoir en elle la différence, sans que cette différence soit jamais récupérée par la socialité superficielle du langage, communication ou vulgarité; connaître, réfractées positivement dans une langue nouvelle, les impossibilités de la nôtre; apprendre la systématique de l'inconcevable; défaire notre «réel» sous l'effet d'autres découpages, d'autres syntaxes; découvrir des positions inouïes du sujet dans l'énonciation, déplacer sa topologie; en un mot, descendre dans l'intraduisible, en éprouver la secousse sans jamais l'amortir, jusqu'à ce qu'en nous tout l'Occident s'ébranle et que vacillent les droits de la langue paternelle, celle qui nous vient de nos pères et qui nous fait à notre tour, pères et propriétaires d'une culture que précisément l'histoire transforme en «nature». Nous savons que les concepts principaux de la philosophie aristotélicienne ont été en quelque sorte *contraints* par les principales articulations de la langue grecque. Combien, inversement, il serait bienfaisant de se transporter dans une vision des différences irréductibles que peut nous suggérer, par lueurs, une langue très lointaine. Tel chapitre de Sapir ou de Whorf sur les langues chinook, nootka, hopi, de Granet sur le chinois, tel propos d'un ami sur le japonais ouvre le romanesque intégral, dont seuls quelques textes modernes peuvent donner l'idée (mais aucun roman), permettant d'apercevoir un paysage que notre parole (celle dont nous sommes propriétaires) ne pouvait à aucun prix ni deviner ni découvrir.

Ainsi, en japonais, la prolifération des suffixes fonctionnels et la complexité des enclitiques supposent que le sujet s'avance dans l'énonciation à travers des précautions, des reprises, des retards et des insistances dont le volume final (on ne saurait plus alors parler d'une simple ligne de mots) fait précisément du sujet une grande enveloppe vide de la parole, et non ce noyau plein qui est censé diriger nos phrases, de l'extérieur et de haut, en sorte que ce qui nous apparaît comme un excès de subjectivité (le japonais, dit-on, énonce des impressions, non des constats) est bien davantage une manière de dilution, d'hémorragie du sujet dans un langage parcellé, particulé, diffracté jusqu'au vide. Ou encore ceci : comme beaucoup de langues, le japonais distingue l'animé (humain et/ou animal) de l'inanimé, notamment au niveau de ses

verbes *être*; or les personnages fictifs qui sont intro-
duits dans une histoire (du genre: *il était une fois un
roi*) sont affectés de la marque de l'inanimé; alors
que tout notre art s'essouffle à décréter la «vie», la
«réalité» des êtres romanesques, la structure
même du japonais ramène ou retient ces êtres dans
leur qualité de *produits*, de signes coupés de l'alibi
référentiel par excellence: celui de la chose vivante. Ou encore, d'une façon plus radicale, puisqu'il s'agit de concevoir ce que notre langue ne
conçoit pas: comment pouvons-nous *imaginer* un
verbe qui soit à la fois sans sujet, sans attribut, et
cependant transitif, comme par exemple un acte
de connaissance sans sujet connaissant et sans objet connu? C'est pourtant cette imagination qui
nous est demandée devant le *dhyana* indou, origine du *ch'an* chinois et du *zen* japonais, que l'on
ne saurait évidemment traduire par *méditation*
sans y ramener le sujet et le dieu: chassez-les, ils
reviennent, et c'est notre langue qu'ils chevau-
chent. Ces faits et bien d'autres persuadent combien il est dérisoire de vouloir contester notre so-
ciété sans jamais penser les limites mêmes de la
langue par laquelle (rapport instrumental) nous
prétendons la contester: c'est vouloir détruire le
loup en se logeant confortablement dans sa gueule.

Pluie , Semence , Dissémination .
Trame , Tissu , Texte .
Écriture .

Ces exercices d'une grammaire aberrante auraient au moins l'avantage de porter le soupçon sur l'idéologie même de notre parole.

SANS PAROLES

La masse bruissante d'une langue inconnue constitue une protection délicieuse, enveloppe l'étranger (pour peu que le pays ne lui soit pas hostile) d'une pellicule sonore qui arrête à ses oreilles toutes les aliénations de la langue maternelle : l'origine, régionale et sociale, de qui la parle, son degré de culture, d'intelligence, de goût, l'image à travers laquelle il se constitue comme personne et qu'il vous demande de reconnaître. Aussi, à l'étranger, quel repos ! J'y suis protégé contre la bêtise, la vulgarité, la vanité, la mondanité, la nationalité, la normalité. La langue inconnue, dont je saisis pourtant la respiration, l'aération émotive, en un mot la pure signifiance, forme autour de moi, au fur et à mesure que je me déplace, un léger vertige, m'entraîne dans son vide artificiel, qui ne s'accomplit que pour moi : je vis dans l'interstice, débarrassé de tout sens plein. *Comment vous êtes-vous débrouillé là-bas, avec la langue ?* Sous-entendu : *Comment assuriez-vous ce besoin vital de la communication ?* Ou plus exactement, assertion idéologique que recouvre l'interrogation pratique : *il n'y a de communication que dans la parole.*

Or il se trouve que dans ce pays (le Japon), l'empire des signifiants est si vaste, il excède à tel point la parole, que l'échange des signes reste d'une richesse, d'une mobilité, d'une subtilité fascinantes en dépit de l'opacité de la langue, parfois même grâce à cette opacité. La raison en est que là-bas le corps existe, se déploie, agit. se donne, sans hystérie, sans narcissisme, mais selon un pur projet érotique – quoique subtilement discret. Ce n'est pas la voix (avec laquelle nous identifions les «droits» de la personne) qui communique (communiquer quoi? notre âme – forcément belle – notre sincérité? notre prestige?), c'est tout le corps (les yeux, le sourire, la mèche, le geste, le vêtement) qui entretient avec vous une sorte de babil auquel la parfaite domination des codes ôte tout caractère régressif, infantile. Fixer un rendez-vous (par gestes, dessins, noms propres) prend sans doute une heure, mais pendant cette heure, pour un message qui se fût aboli en un instant s'il eût été parlé (tout à la fois essentiel et insignifiant), c'est tout le corps de l'autre qui a été connu, goûté, reçu et qui a déployé (sans fin véritable) son propre récit, son propre texte.

L'EAU ET LE FLOCON

Le plateau de repas semble un tableau des plus délicats : c'est un cadre qui contient sur fond sombre des objets variés (bols, boîtes, soucoupes, baguettes, menus tas d'aliments, un peu de gingembre gris, quelques brins de légumes orange, un fond de sauce brune), et comme ces récipients et ces morceaux de nourriture sont exigus et ténus, mais nombreux, on dirait que ces plateaux accomplissent la définition de la peinture, qui, au dire de Piero della Francesca, « n'est qu'une démonstration de surfaces et de corps devenant toujours plus petits ou plus grands suivant leur terme ». Cependant, un tel ordre, délicieux lorsqu'il apparaît, est destiné à être défait, refait selon le rythme même de l'alimentation ; ce qui était tableau figé au départ, devient établi ou échiquier, espace, non d'une vue, mais d'un faire ou d'un jeu ; la peinture n'était au fond qu'une palette (une surface de travail), dont vous allez jouer au fur et à mesure que vous mangerez, puisant ici une pincée de légumes, là de riz, là de condiment, là une gorgée de soupe, selon une alternance libre, à la façon d'un graphiste (précisément japonais), installé devant un jeu de godets et qui, tout à la fois, sait et hésite ; de la sorte, sans être niée ou diminuée (il ne s'agit pas d'une indifférence à l'égard de la nourriture, attitude toujours *morale*), l'alimentation reste empreinte d'une sorte de travail ou de jeu, qui porte moins sur la transformation de la matière première (objet propre de la *cuisine* ; mais la nourriture japonaise est peu cuisinée, les aliments arrivent naturels sur la table ; la seule opération qu'ils aient vraiment subie, c'est d'être découpés), que sur l'assemblage mouvant et comme inspiré d'éléments dont l'ordre de prélèvement n'est fixé par aucun protocole (vous pouvez alterner une gorgée de soupe, une bouchée de riz, une pincée de légumes) : tout le faire de la nourriture étant dans la composition, en composant vos prises, vous faites vous-mêmes ce que vous mangez ; le mets n'est plus un produit réifié, dont la préparation est, chez nous, pudiquement éloignée dans le temps et dans l'espace (repas élaborés à l'avance derrière la cloison d'une cuisine, pièce secrète où *tout est permis*, pourvu que le produit n'en sorte que composé, orné, embaumé, fardé). D'où le caractère *vivant* (ce qui ne veut pas dire : *naturel*) de cette nourriture, qui semble en toutes saisons accomplir le vœu du poète : *« Oh ! célébrer le printemps par des cuisines exquises... »*

De la peinture, la nourriture japonaise prend encore la qualité la moins immédiatement visuelle, la qualité la plus profondément engagée dans le corps (attachée au poids et au travail de la main qui trace ou couvre) et qui est, non la couleur mais la *touche*. Le riz cuit (dont l'identité absolument spéciale est attestée par un nom particulier, qui n'est pas celui du riz cru) ne peut se définir que par une contradiction de la matière ; il est à la fois cohésif et détachable ; sa destination substantielle est le fragment, le léger conglomérat ; il est le seul élément de pondération de la nourriture japonaise (antinomique à la nourriture chinoise) ; il est ce qui tombe, par opposition à ce qui flotte ; il dispose dans le tableau une blancheur compacte, granuleuse (au contraire de celle du pain), et cependant friable : ce qui arrive sur la table, serré, collé, se défait, d'un coup de la double baguette, sans cependant jamais s'éparpiller, comme si la division n'opérait que pour produire encore une cohésion irréductible ; c'est cette défection mesurée (incomplète) qui, au-delà (ou en deçà) de la nourriture, est donnée à consommer. De la même façon – mais à l'autre extrémité des substances – la soupe japonaise (ce mot de *soupe* est indûment épais, et *potage* sent la pension de famille) dispose dans le jeu alimentaire une touche de clarté. Chez nous, une soupe claire est une soupe pauvre; mais ici, la légèreté du bouillon, fluide comme de l'eau, la poussière de soja ou de haricots qui s'y déplace, la rareté des deux ou trois solides (brin d'herbe, filament de légume, parcelle de poisson) qui divisent en flottant cette petite quantité d'eau, donnent l'idée d'une densité claire, d'une nutritivité sans graisse, d'un élixir d'autant plus réconfortant qu'il est pur: quelque chose d'aquatique (plus que d'aqueux), de délicatement marin amène une pensée de source, de vitalité profonde. Ainsi la nourriture japonaise s'établit-elle dans un système réduit de la matière (du clair au divisible), dans un tremblement du signifiant: ce sont là les caractères élémentaires de l'écriture, établie sur une sorte de vacillation du langage, et telle apparaît bien la nourriture japonaise: une nourriture écrite, tributaire des gestes de division et de prélèvement qui inscrivent l'aliment, non sur le plateau du repas (rien à voir avec la nourriture photographiée, les compositions coloriées de nos journaux féminins) mais dans un espace profond qui dispose en étagement l'homme, la table et l'univers. Car l'écriture est précisément cet acte qui unit dans le même travail ce qui ne pourrait être saisi ensemble dans le seul espace plat de la représentation.

Le rendez-vous

Ouvrez un guide de voyage : vous y trouverez d'ordinaire un petit lexique, mais ce lexique portera bizarrement sur les choses ennuyeuses et inutiles : la douane, la poste, l'hôtel, le coiffeur, le médecin, les prix. Cependant, qu'est-ce que voyager ? Rencontrer. Le seul lexique important est celui du rendez-vous.

BAGUETTES

Sur le Marché Flottant de Bangkok, chaque marchand se tient dans une petite pirogue immobile ; il vend de très menues quantités de nourriture : des graines, quelques œufs, bananes, cocos, mangues, piments (sans parler de l'Innommable). De lui-même à sa marchandise en passant par son esquif, tout est *petit*. La nourriture occidentale, accumulée, dignifiée, gonflée jusqu'au majestueux, liée à quelque opération de prestige, s'en va toujours vers le gros, le grand, l'abondant, le plantureux ; l'orientale suit le mouvement inverse, elle s'épanouit vers l'infinitésimal : l'avenir du concombre n'est pas son entassement ou son épaississement, mais sa division, son éparpillement ténu, comme il est dit dans ce haïku :

Concombre coupé.
Son jus coule
Dessinant des pattes d'araignée.

Il y a convergence du minuscule et du comestible : les choses ne sont petites que pour être mangées mais aussi, elles sont comestibles pour accomplir leur essence, qui est la petitesse. L'accord de la nourriture orientale et de la baguette ne peut être seulement fonctionnel, instrumental; les aliments sont coupés pour pouvoir être saisis par la baguette, mais aussi la baguette existe parce que les aliments sont coupés en petits morceaux; un même mouvement, une même forme transcende la matière et son outil: la division.

La baguette a bien d'autres fonctions que de transporter la nourriture du plat à la bouche (qui est la moins pertinente, puisque c'est aussi celle des doigts et des fourchettes), et ces fonctions lui appartiennent en propre. Tout d'abord, la baguette – sa forme le dit assez – a une fonction déictique: elle montre la nourriture, désigne le fragment, fait exister par le geste même du choix, qui est l'index; mais par là, au lieu que l'ingestion suive une sorte de séquence machinale, où l'on se bornerait à avaler peu à peu les parties d'un même plat, la baguette, désignant ce qu'elle choisit (et donc choisissant sur l'instant ceci et non cela), introduit dans l'usage de la nourriture, non un ordre, mais une fantaisie et comme une paresse: en tout cas, une opération intelligente, et non plus mécanique. Autre fonction de la double baguette, celle de pincer le fragment de nourriture (et non plus de l'agripper, comme font nos fourchettes); *pincer* est d'ailleurs un mot trop fort, trop agressif (c'est le mot des petites filles sournoises, des chirurgiens, des couturières, des caractères susceptibles); car l'aliment ne subit jamais une pression supérieure à ce qui est juste nécessaire pour le soulever et le transporter; il y a dans le geste de la baguette, encore adouci par sa matière, bois ou laque, quelque chose de maternel, la retenue même, exactement mesurée, que l'on met à déplacer un enfant: une force (au sens opératoire du terme), non une pulsion; c'est là tout un comportement à l'égard de la nourriture; on le voit bien aux longues baguettes du cuisinier, qui servent, non à manger, mais à préparer les aliments: jamais l'instrument ne perce, ne coupe, ne fend, ne blesse, mais seulement prélève, retourne, transporte. Car la baguette (troisième fonction), pour diviser, sépare, écarte, chipote, au lieu de couper et d'agripper, à la façon de nos couverts; elle ne violente jamais l'aliment: ou bien elle le démêle peu à peu (dans le cas des herbes), ou bien elle le défait (dans le cas des poissons, des anguilles), retrouvant ainsi les fissures naturelles de la matière (en cela bien plus proche du doigt primitif que du couteau). Enfin, et c'est peut-être sa plus belle fonction, la double baguette *translate* la nourriture, soit que, croisée comme deux mains, support et non plus pince, elle se glisse

sous le flocon de riz et le tende, le monte jusqu'à la
bouche du mangeur, soit que (par un geste millénaire de tout l'Orient) elle fasse glisser la neige alimentaire du bol aux lèvres, à la façon d'une pelle.
Dans tous ces usages, dans tous les gestes qu'elle
implique, la baguette s'oppose à notre couteau (et
à son substitut prédateur, la fourchette) : elle est
l'instrument alimentaire qui refuse de couper,
d'agripper, de mutiler, de percer (gestes très limi-
tés, repoussés dans la préparation de la cuisine : le
poissonnier qui dépiaute devant nous l'anguille
vivante exorcise une fois pour toutes, dans un
sacrifice préliminaire, le meurtre de la nourriture) ;
par la baguette, la nourriture n'est plus une proie,
à quoi l'on fait violence (viandes sur lesquelles on
s'acharne), mais une substance harmonieusement
transférée ; elle transforme la matière préalable-
ment divisée en nourriture d'oiseau et le riz en flot

rendez vay
yakusoku

tous les deux
hutaribmo

où ?
doko ni ?

quand ?
itsu ?

de lait ; maternelle, elle conduit inlassablement le geste de la becquée, laissant à nos mœurs alimentaires, armées de piques et de couteaux. celui de la prédation.

LA NOURRITURE DÉCENTRÉE

Le *sukiyaki* est un ragoût dont on connaît et reconnaît tous les éléments, puisqu'il est fait devant vous, sur la table même, sans désemparer, pendant que vous le mangez. Les produits crus (mais pelés, lavés, revêtus déjà d'une nudité esthétique, brillante, colorée, harmonieuse comme un vêtement printanier : *« La couleur, la finesse, la touche, l'effet, l'harmonie, le ragoût, tout s'y trouve »*, dirait Diderot) sont rassemblés et apportés sur un plateau ; c'est l'essence même du marché qui vous arrive, sa fraîcheur, sa naturalité, sa diversité et jusqu'au classement qui fait de la simple matière la promesse d'un événement : recrudescence d'appétit attachée à cet objet mixte qu'est le produit de marché, à la fois nature et marchandise, nature marchande, accessible à la possession populaire : feuilles comestibles, légumes, cheveux d'ange, carrés crémeux de pâte de soja, jaune cru de l'œuf, viande rouge et sucre blanc (alliance infiniment plus exotique, plus fascinante ou plus dégoûtante, parce que visuelle, que le simple *sucré-salé* de la nourriture chinoise, qui, elle, est cuite, et où le sucre ne se voit pas, sinon dans le luisant caramélisé de certains plats « laqués »), toutes ces crudités, d'abord alliées, composées comme dans un tableau hollandais dont elles garderaient le cerne du trait, la fermeté élastique du pinceau et le vernis coloré (dont on ne sait s'il est dû à la matière des choses, à la lumière de la scène, à l'onguent dont est recouvert le tableau ou à l'éclairage du musée), peu à peu transportées dans la grande casserole où elles cuisent sous vos yeux, y perdent leurs couleurs, leurs formes et leur discontinu, s'y amollissent, s'y dénaturent, tournent à ce roux qui est la couleur essentielle de la sauce ; au fur et à mesure que vous prélevez, du bout de vos baguettes, quelques fragments de ce ragoût tout neuf, d'autres crudités viennent les remplacer. A ce va-et-vient préside une assistante, qui, placée un peu en retrait derrière vous, armée de longues baguettes, alimente alternativement la bassine et la conversation : c'est toute une petite odyssée de la nourriture que vous vivez du regard : vous assistez au Crépuscule de la Crudité.

Cette Crudité, on le sait, est la divinité tutélaire de la nourriture japonaise : tout lui est dédié, et si la cuisine japonaise se fait toujours *devant* celui qui va manger (marque fondamentale de cette cuisine), c'est que peut-être il importe de consacrer par le spectacle la mort de ce qu'on honore. Ce qui

Où commence l'écriture ?
Où commence la peinture ?

est honoré dans la crudité (terme que bizarrement nous employons au singulier pour dénoter la sexualité du langage, et au pluriel pour nommer la part extérieure, anormale et quelque peu tabou de nos menus), ce n'est pas, semble-t-il, comme chez nous, une essence intérieure de l'aliment, la pléthore sanguine (le sang étant symbole de la force et de la mort) dont nous recueillerons par transmigration l'énergie vitale (chez nous, la crudité est un état fort de la nourriture, comme le montre métonymiquement l'assaisonnement intensif que l'on impose au steak tartare). La crudité japonaise est essentiellement visuelle; elle dénote un certain état coloré de la chair ou du végétal (étant entendu que la couleur n'est jamais épuisée par un catalogue des teintes, mais renvoie à toute une tactilité de la matière; ainsi le *sachimi* étale moins des couleurs que des résistances: celles qui varient la chair des poissons crus, en la faisant passer, le long du plateau, par les stations du flasque, du fibreux, de l'élastique, du compact, du rêche, du glissant). Entièrement visuelle (pensée, concertée, maniée pour la vue, et même pour une vue de peintre, de graphiste), la nourriture dit par là qu'elle n'est pas profonde: la substance comestible est sans cœur précieux, sans force enfouie, sans secret vital: aucun plat japonais n'est pourvu d'un *centre* (centre alimentaire impliqué chez nous par le rite qui consiste à ordonner le repas, à entourer ou à napper les mets); tout y est ornement d'un autre ornement: d'abord parce que sur la table, sur le plateau, la nourriture n'est jamais qu'une collection de fragments, dont aucun n'apparaît privilégié par un ordre d'ingestion: manger n'est pas respecter un menu (un itinéraire de plats), mais prélever, d'une touche légère de la baguette, tantôt une coule rendez-vous

ici
koko ni

ce soir
komban

aujourd'hui
kyo

à quelle heure?
nan ji ni?

demain
ashita

quatre heures
yo ji

leur, tantôt une autre, au gré d'une sorte d'inspiration qui apparaît dans sa lenteur comme l'accompagnement détaché, indirect, de la conversation (qui peut être, elle-même, fort silencieuse); et puis parce que cette nourriture – c'est là son originalité – lie dans un seul temps, le temps de sa fabrication et celui de sa consommation; le *sukiyaki*, plat interminable à faire, à consommer et, si l'on peut dire, à «converser», non par difficulté technique mais parce qu'il est dans sa nature de s'épuiser au fur et à mesure qu'on le cuit, et par conséquent de *se répéter*, le *sukiyaki* n'a de marqué que son départ (ce plateau peint d'aliments que l'on apporte); «parti», il n'y plus de moments ou de lieux distinctifs: il devient décentré, comme un texte ininterrompu.

L'INTERSTICE

Le cuisinier (qui ne cuit rien du tout) prend une anguille vivante, lui fiche une longue pointe dans la tête et la râcle, la dépiaute. Cette scène preste, humide (plus que sanglante), de petite cruauté, va se terminer en *dentelle*. L'anguille (ou le fragment de légume, de crustacé), cristallisée dans la friture, comme le rameau de Salzbourg, se réduit à un petit bloc de vide, à une collection de jours : l'aliment rejoint ici le rêve d'un paradoxe : celui d'un objet purement interstitiel, d'autant plus provoquant que ce vide est fabriqué pour qu'on s'en nourrisse (parfois l'aliment est construit en boule, comme une pelote d'air).

La *tempura* est débarrassée du sens que nous attachons traditionnellement à la friture, et qui est la lourdeur. La farine y retrouve son essence de fleur éparpillée, délayée si légèrement qu'elle forme un lait, et non une pâte ; saisi par l'huile, ce lait doré est si fragile qu'il recouvre imparfaitement le fragment de nourriture, laisse apparaître un rose de crevette, un vert de piment, un brun d'aubergine, retirant ainsi à la friture ce dont est fait notre beignet, et qui est la gangue, l'enveloppe, la compacité. L'huile (mais est-ce de l'huile, s'agit-il vraiment de la substance mère du *huileux*?), aussitôt épongée par la serviette de papier sur laquelle on vous présente la *tempura* dans une petite corbeille d'osier, l'huile est sèche, sans plus aucun rapport avec le lubrifiant dont la Méditerranée et l'Orient couvrent leur cuisine et leur pâtisserie; elle perd une contradiction qui marque nos aliments cuits à l'huile ou à la graisse, et qui est de brûler sans réchauffer; cette brûlure froide du corps gras est remplacée ici par une qualité qui paraît refusée à toute friture: la fraîcheur. La fraîcheur qui circule dans la *tempura* à travers la dentelle de la farine, montant des plus vivaces et des plus fragiles parmi les aliments, le poisson et le végétal, cette fraîcheur qui est à la fois celle de l'intact et du rafraîchissant est bien celle de l'huile: les restaurants de *tempura* se classent selon le degré d'usure de l'huile qu'ils emploient: aux plus cotés l'huile neuve, qui, usée, est revendue à un autre restaurant plus médiocre, et ainsi de suite; ce n'est pas l'aliment que l'on achète, ni même sa fraîcheur (encore moins le standing du local ou du service), c'est la virginité de sa cuisson.

Parfois la pièce de *tempura* est à étages: la friture contourne (mieux que: enveloppe) un piment, lui-même empli d'intérieurs de moules. Ce qui importe, c'est que l'aliment soit constitué en morceau, en fragment (état fondamental de la cuisine japonaise, où le nappage – de sauce, de crème, de croûte – est inconnu), non seulement par la préparation, mais aussi et surtout par son immersion dans une substance fluide comme l'eau, cohésive comme la graisse, d'où sort un morceau fini, séparé, nommé et cependant tout ajouré ; mais le cerne est si léger qu'il en devient abstrait : l'aliment n'a plus pour enveloppe que le temps (d'ailleurs lui-même fort ténu) qui l'a solidifié. On dit que la *tempura* est un mets d'origine chrétienne (portugaise) : c'est la nourriture du carême *(tempora)* ; mais affiné par les techniques japonaises d'annulation et d'exemption, c'est l'aliment d'un autre temps : non celui d'un rite de jeûne et d'expiation, mais d'une sorte de méditation, autant spectaculaire qu'alimentaire (puisque la *tempura* se prépare sous vos yeux), autour de ce quelque chose que nous déterminons, faute de mieux (et peut-être en raison de nos ornières thématiques), du côté du léger, de l'aérien, de l'instantané, du fragile, du transparent, du frais, du rien, mais dont le vrai nom serait l'interstice sans bords pleins, ou encore : le signe vide.

Il faut en effet revenir au jeune artiste qui fait de la dentelle avec des poissons et des piments. S'il prépare notre nourriture *devant nous*, conduisant, de geste en geste, de lieu en lieu, l'anguille, du vivier au papier blanc qui, pour finir, la recevra tout ajourée, ce n'est pas (seulement) pour nous rendre témoins de la haute précision et de la pureté de sa cuisine; c'est parce que son activité est à la lettre graphique: il inscrit l'aliment dans la matière; son étal est distribué comme la table d'un calligraphe; il touche les substances comme le graphiste (surtout s'il est japonais) qui alterne les godets, les pinceaux, la pierre à encre, l'eau, le papier; il accomplit ainsi, dans la cohue du restaurant et l'entrecroisement des commandes, un étagement, non du temps, mais des temps (ceux d'une grammaire de la *tempura*), rend visible la gamme des pratiques, récite l'aliment non comme une marchandise finie, dont seule la perfection aurait quelque valeur (ce qui est le cas de nos mets), mais comme un produit dont le sens n'est pas final mais progressif, épuisé, pour ainsi dire, quand sa production est terminée: c'est vous qui mangez, mais c'est lui qui a joué, qui a écrit, qui a produit.

PACHINKO

Le Pachinko est une machine à sous. On achète au comptoir une petite provision de billes métalliques ; puis, devant l'appareil (sorte de tableau vertical), d'une main l'on enfourne chaque bille dans une bouche, pendant que de l'autre, à l'aide d'un clapet, on propulse la bille à travers un circuit de chicanes ; si le coup d'envoi est juste (ni trop fort, ni trop faible), la bille propulsée libère une pluie d'autres billes qui vous tombent dans la main, et l'on n'a plus qu'à recommencer – à moins que l'on ne préfère échanger son gain contre une récompense dérisoire (tablette de chocolat, orange, paquet de cigarettes). Les halls de Pachinko sont très nombreux et toujours pleins d'un public varié (jeunes, femmes, étudiants en tunique noire, hommes sans âge en complet de bureau). On dit que le chiffre d'affaires des Pachinko est égal (ou même supérieur) à celui de tous les grands magasins du Japon (ce qui, sans doute, n'est pas peu dire).

Le Pachinko est un jeu collectif et solitaire. Les machines sont rangées en longues files ; chacun debout devant son tableau joue pour soi, sans regarder son voisin, que pourtant il coudoie. On n'entend que le bruissement des billes propulsées

Mangeoires et latrines.

(la cadence d'enfournement est très rapide); le hall est une ruche ou un atelier; les joueurs semblent travailler à la chaîne. Le sens impérieux de la scène est celui d'un labeur appliqué, absorbé; jamais une attitude paresseuse ou désinvolte ou coquette, rien de cette oisiveté théâtrale de nos joueurs occidentaux traînant par petits groupes désœuvrés autour d'un billard électrique, et bien conscients d'émettre pour les autres clients du café l'image d'un dieu expert et désabusé. Quant à l'art de ce jeu, il diffère aussi de celui de nos machines. Pour le joueur occidental, la boule une fois lancée, il s'agit surtout d'en corriger peu à peu le trajet de retombée (en donnant des coups dans l'appareil); pour le joueur japonais, tout se détermine dans le coup d'envoi, tout dépend de la force imprimée par le pouce au clapet; le doigté est immédiat, définitif, en lui seul réside le talent du joueur, qui ne peut corriger le hasard qu'à l'avance et d'un seul coup; ou plus exactement: le lancé de la bille n'est au mieux que délicatement retenu ou hâté (mais nullement dirigé) par la main du joueur, qui d'un seul mouvement meut et surveille; cette main est donc celle d'un artiste (à la manière japonaise), pour lequel le trait (graphique) est un «accident contrôlé». Le Pachinko reproduit en somme, dans l'ordre mécanique, le principe même de la peinture *alla prima*, qui veut que le trait soit tracé d'un seul mouvement, une fois pour toutes, et qu'en raison de la qualité même du papier et de l'encre, il ne puisse être jamais corrigé; de même la bille lancée ne peut être déviée (ce serait une grossièreté indigne, que de rudoyer l'appareil, comme le font nos tricheurs occidentaux): son chemin est prédéterminé par le seul éclair de sa lancée.

A quoi sert cet art? à régler un circuit nutritif. La machine occidentale, elle, soutient un symbolisme de la pénétration: il s'agit, par un «coup» bien placé, de posséder la pin-up qui, tout éclairée sur le tableau de bord, aguiche et attend. Dans le Pachinko, nul sexe (au Japon – dans ce pays que j'appelle le Japon – la sexualité est dans le sexe, non ailleurs; aux Etats-Unis, c'est le contraire: le sexe est partout, sauf dans la sexualité). Les appareils sont des mangeoires, alignées; le joueur, d'un geste preste, renouvelé d'une façon si rapide qu'il en paraît ininterrompu, alimente la machine en billes; il les enfourne, comme on gave une oie; de temps en temps, la machine, comblée, lâche sa diarrhée de billes: pour quelques yens, le joueur est symboliquement éclaboussé d'argent. On comprend alors le sérieux d'un jeu qui oppose à la constriction de la richesse capitaliste, à la parcimonie constipée des salaires, la débâcle voluptueuse des billes d'argent, qui, d'un coup, emplissent la main du joueur.

CENTRE-VILLE, CENTRE VIDE

Les villes quadrangulaires, réticulaires (Los Angeles, par exemple) produisent, dit-on, un malaise profond ; elles blessent en nous un sentiment cénesthésique de la ville, qui exige que tout espace urbain ait un centre où aller, d'où revenir, un lieu complet dont rêver et par rapport à quoi se diriger ou se retirer, en un mot s'inventer. Pour de multiples raisons (historiques, économiques, religieuses, militaires), l'Occident n'a que trop bien compris cette loi : toutes ses villes sont concentriques ; mais aussi, conformément au mouvement même de la métaphysique occidentale, pour laquelle tout centre est le lieu de la vérité, le centre de nos villes est toujours *plein :* lieu marqué, c'est en lui que se rassemblent et se condensent les valeurs de la civilisation : la spiritualité (avec les églises), le pouvoir (avec les bureaux), l'argent (avec les banques), la marchandise (avec les grands magasins), la parole (avec les agoras : cafés et promenades) : aller dans le centre, c'est rencontrer la « vérité » sociale, c'est participer à la plénitude superbe de la « réalité ».

La ville dont je parle (Tokyo) présente ce paradoxe précieux : elle possède bien un centre, mais ce

La Ville est
un idéogramme :
le Texte
continue.

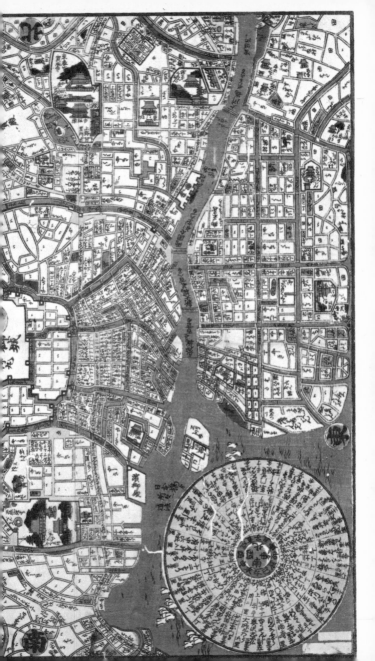

centre est vide. Toute la ville tourne autour d'un lieu à la fois interdit et indifférent, demeure masquée sous la verdure, défendue par des fossés d'eau, habitée par un empereur qu'on ne voit jamais, c'est-à-dire, à la lettre, par on ne sait qui. Journellement, de leur conduite preste, énergique, expéditive comme la ligne d'un tir, les taxis évitent ce cercle, dont la crête basse, forme visible de l'invisibilité, cache le «rien» sacré. L'une des deux villes les plus puissantes de la modernité est donc construite autour d'un anneau opaque de murailles, d'eaux, de toits et d'arbres, dont le centre lui-même n'est plus qu'une idée évaporée, subsistant là non pour irradier quelque pouvoir, mais pour donner à tout le mouvement urbain l'appui de son vide central, obligeant la circulation à un perpétuel dévoiement. De cette manière, nous dit-on, l'imaginaire se déploie circulairement, par détours et retours le long d'un sujet vide.

SANS ADRESSES

Les rues de cette ville n'ont pas de nom. Il y a bien une adresse écrite, mais elle n'a qu'une valeur postale, elle se réfère à un cadastre (par quartiers et par blocs, nullement géométriques), dont la connaissance est accessible au facteur, non au visiteur : la plus grande ville du monde est pratiquement inclassée, les espaces qui la composent en détail sont innommés. Cette oblitération domiciliaire paraît incommode à ceux (comme nous) qui ont été habitués à décréter que le plus pratique est toujours le plus rationnel (principe en vertu duquel la meilleure toponymie urbaine serait celle des rues-numéros, comme aux Etats-Unis ou à Kyoto, ville chinoise). Tokyo nous redit cependant que le rationnel n'est qu'un système parmi d'autres. Pour qu'il y ait maîtrise du réel (en l'occurrence celui des adresses), il suffit qu'il y ait système, ce système fût-il apparemment illogique, inutilement compliqué, curieusement disparate : un bon bricolage peut non seulement tenir très longtemps, on le sait, mais encore il peut satisfaire des millions d'habitants, dressés d'autre part à toutes les perfections de la civilisation technicienne.

L'anonymat est suppléé par un certain nombre d'expédients (c'est du moins ainsi qu'ils nous apparaissent), dont la combinaison forme système. On peut figurer l'adresse par un schéma d'orientation (dessiné ou imprimé), sorte de relevé géographique qui situe le domicile à partir d'un repère connu, une gare par exemple (les habitants excellent à ces dessins impromptus, où l'on voit s'ébaucher, à même un bout de papier, une rue, un

Carnet d'adresses

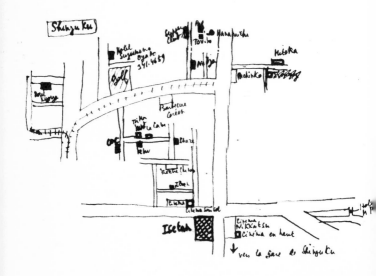

immeuble, un canal, une voie ferrée, une enseigne,
et qui font de l'échange des adresses une communication délicate, où reprend place une vie du
corps, un art du geste graphique : il est toujours
savoureux de voir quelqu'un écrire, à plus forte
raison dessiner : de toutes les fois où l'on m'a de la
sorte communiqué une adresse, je retiens le geste
de mon interlocuteur retournant son crayon pour
frotter doucement, de la gomme placée à son extrémité, la courbe excessive d'une avenue, la jointure
d'un viaduc (bien que la gomme soit un objet contraire à la tradition graphique du Japon, il venait
encore de ce geste quelque chose de paisible, de
caressant et de sûr, comme si, même dans cet acte
futile, le corps *«travaillait avec plus de réserve que
l'esprit»*, conformément au précepte de l'acteur
Zeami ; la fabrication de l'adresse l'emportait de

beaucoup sur l'adresse elle-même, et, fasciné, j'aurais souhaité que l'on mît des heures à me donner cette adresse). On peut aussi, pour peu que l'on connaisse déjà l'endroit où l'on va, diriger soi-

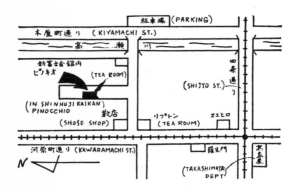

même le taxi de rue en rue. On peut enfin prier le chauffeur de se faire lui-même guider par le visiteur lointain chez qui l'on va, à partir de l'un de ces gros téléphones rouges installés à presque tous les éventaires d'une rue. Tout cela fait de l'expérience visuelle un élément décisif de l'orientation : proposition banale, s'il s'agissait de la jungle ou de la brousse, mais qui l'est beaucoup moins concernant une très grande ville moderne, dont la connaissance est d'ordinaire assurée par le plan, le guide, l'annuaire de téléphone, en un mot la culture imprimée et non la pratique gestuelle. Ici, au contraire, la domiciliation n'est soutenue par aucune abstraction ; hors le cadastre, elle n'est qu'une pure contingence : bien plus factuelle que légale, elle cesse d'affirmer la conjonction d'une identité et d'une propriété. Cette ville ne peut être connue que par une activité de type ethnographique : il faut s'y orienter, non par le livre, l'adresse, mais par la marche, la vue, l'habitude, l'expérience ; toute découverte y est intense et fragile, elle ne pourra être retrouvée que par le souvenir de la trace qu'elle a laissée en nous : visiter un lieu pour la première fois, c'est de la sorte commencer à l'écrire : l'adresse n'étant pas écrite, il faut bien qu'elle fonde elle-même sa propre écriture.

Le rendez-vous

peut-être
tabun

fatigué
tsukareta

impossible
de ki'nai

je veux dormir
netai

LA GARE

Dans cette ville immense, véritable territoire urbain, le nom de chaque quartier est net, connu, placé sur la carte un peu vide (puisque les rues n'ont pas de nom) comme un gros flash ; il prend cette identité fortement signifiante que Proust, à sa manière, a explorée dans ses Noms de Lieux. Si le quartier est si bien limité, rassemblé, contenu, terminé sous son nom, c'est qu'il a un centre, mais ce centre est spirituellement vide : c'est d'ordinaire une gare.

La gare, vaste organisme où se logent à la fois les grands trains, les trains urbains, le métro, un grand magasin et tout un commerce souterrain, la gare donne au quartier ce repère, qui, au dire de certains urbanistes, permet à la ville de signifier, d'être lue. La gare japonaise est traversée de mille trajets fonctionnels, du voyage à l'achat, du vêtement à la nourriture : un train peut déboucher dans un rayon de chaussures. Vouée au commerce, au passage, au départ et cependant tenue dans un bâtiment unique, la gare (est-ce d'ailleurs ainsi qu'il faut appeler ce nouveau complexe ?) est nettoyée de ce caractère sacré qui marque ordinairement les grands repères de nos villes : cathédrales, églises, mairies, monuments historiques. Ici, le repère est entièrement prosaïque ; sans doute le marché est, lui aussi, souvent, un lieu central de la ville occidentale ; mais à Tokyo la marchandise est défaite par l'instabilité de la gare : un incessant départ en contrarie la concentration ; on dirait qu'elle n'est que la matière préparatoire du paquet et que le paquet lui-même n'est que le passe, le ticket qui permet de partir.

Ainsi chaque quartier se ramasse dans le trou de sa gare, point vide d'affluence de ses emplois et de ses plaisirs. Ce jour, je décide d'aller dans tel ou tel, sans autre but qu'une sorte de perception prolongée de son nom. Je sais qu'à Ueno je trouverai une gare pleine en surface de jeunes skieurs, mais dont les souterrains, étendus comme une ville, bordés d'échoppes, de bars populaires, peuplés de clochards, de voyageurs dormant, parlant, mangeant à même le sol des couloirs sordides, accomplissent enfin l'essence romanesque du bas-fond. Tout près – mais un autre jour – ce sera un autre populaire : dans les rues marchandes d'Asakusa (sans autos), arquées de fleurs de cerisier en papier, on vend des vêtements très neufs, confortables et bon marché : des blousons de grosse peau (rien de délinquant), des gants bordés d'une couronne de fourrure noire,

Ces lutteurs forment une caste; ils vivent à part, portent les cheveux longs et mangent une nourriture rituelle. Le combat ne dure qu'un éclair: le temps de laisser choir l'autre masse. Pas de crise, pas de drame, pas d'épuisement, en un mot pas de sport: le signe de la pesée, non l'éréthisme du conflit.

des écharpes de laine, très longues, que l'on jette par-dessus une épaule à la façon des enfants de village qui reviennent de l'école, des casquettes de cuir, tout l'attirail luisant et laineux du bon ouvrier qui a besoin de se couvrir chaudement, corroboré par le cossu des grandes bassines fumantes où cuit et mijote la soupe aux nouilles. Et de l'autre côté de l'anneau impérial (vide, comme on se le rappelle), c'est encore un autre populaire: Ikebukuro, ouvrier et paysan, râpeux et amical comme un gros chien bâtard. Tous ces quartiers produisent des races différentes, d'autres corps, une familiarité chaque fois neuve. Traverser la ville (ou pénétrer

dans sa profondeur, car il y a sous terre des réseaux de bars, de boutiques, auxquels on accède parfois par une simple entrée d'immeuble, en sorte que, passé cette porte étroite, vous découvrez, somptueuse et dense, l'Inde noire du commerce et du plaisir), c'est voyager de haut en bas du Japon, superposer à la topographie, l'écriture des visages. Ainsi sonne chaque nom, suscitant l'idée d'un village, pourvu d'une population aussi individuelle que celle d'une peuplade, dont la ville immense serait la brousse. Ce son du lieu, c'est celui de l'histoire; car le nom signifiant est ici, non souvenir, mais anamnèse, comme si tout Ueno, tout Asakusa me venait de ce haïku ancien (écrit par Bashô au XVIIe siècle):

> *Un nuage de cerisiers en fleurs:*
> *La cloche. – Celle de Ueno?*
> *Celle d'Asakusa?*

Si les bouquets, les objets, les arbres, les visages, les jardins et les textes, si les choses et les manières japonaises nous paraissent petites (notre mythologie exalte le grand, le vaste, le large, l'ouvert), ce n'est pas en raison de leur taille, c'est parce que tout objet, tout geste, même le plus libre, le plus mobile, paraît *encadré*. La miniature ne vient pas de la taille, mais d'une sorte de précision que la chose met à se délimiter, à s'arrêter, à finir. Cette précision n'a rien de raisonnable ou de moral : la chose n'est pas *nette* d'une façon puritaine (par propreté, franchise, ou objectivité), mais plutôt par un supplément hallucinatoire (analogue à la vision issue du haschisch, au dire de Baudelaire) ou par

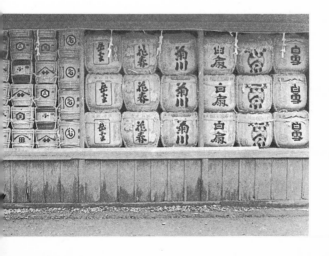

une coupure qui ôte à l'objet le panache du sens et retire à sa présence, à sa position dans le monde, toute *tergiversation*. Cependant ce cadre est invisible : la chose japonaise n'est pas cernée, enluminée ; elle n'est pas formée d'un contour fort, d'un dessin, que viendraient « remplir » la couleur, l'ombre, la touche ; autour d'elle, il y a : *rien*, un espace vide qui la rend mate (et donc à nos yeux : réduite, diminuée, petite).

On dirait que l'objet déjoue d'une manière à la fois inattendue et réfléchie l'espace dans lequel il est toujours situé. Par exemple : la chambre garde des limites écrites, ce sont les nattes du sol, les fenêtres plates, les parois tendues de baguettes (image pure de la surface), dont on ne distingue pas les portes à glissières ; tout ici est *trait*, comme si la chambre était écrite d'un seul coup de pinceau. Cependant, par une disposition seconde, cette rigueur est à son tour déjouée : les parois sont fragiles, crevables, les murs glissent, les meubles sont escamotables, en sorte qu'on retrouve dans la pièce japonaise cette « fantaisie » (d'habillement, notamment), grâce à laquelle tout Japonais déjoue – sans se donner la peine ou le théâtre de le subvertir – le conformisme de son cadre. Ou encore : dans un bouquet japonais, « rigoureusement construit » (selon le langage de l'esthétique occidentale), et quelles que soient les intentions symboliques de cette construction, énoncées dans tout guide du Japon et dans tout livre d'art sur l'*Ikebana*, ce qui est produit, c'est la circulation de l'air, dont les fleurs, les feuilles, les branches (mots bien trop botaniques) ne sont en somme que les parois, les couloirs, les chicanes, délicatement tracés selon l'idée d'une *rareté*, que nous dissocions pour notre part de la nature, comme si la profusion seule *prouvait* le naturel; le bouquet japonais a un volume; chef-d'œuvre inconnu, à la façon dont le rêvait Frenhofer, le héros de Balzac, qui voulait que l'on pût passer derrière le personnage peint, on peut avancer le corps dans l'interstice de ses branches, dans les jours de sa stature, non point le *lire* (lire son symbolisme) mais refaire le trajet de la main qui l'a écrit: écriture véritable, puisqu'elle produit un volume, et que, refusant à la lecture d'être le simple déchiffrement d'un message (fût-il hautement symbolique), elle lui permet de refaire le tracé de son travail. Ou enfin (et surtout): sans même tenir pour emblématique le jeu connu des boîtes japonaises, l'une logée dans l'autre jusqu'au vide, on peut déjà voir une véritable méditation sémantique dans le moindre paquet japonais.

Géométrique, rigoureusement dessiné et pourtant toujours signé quelque part d'un pli, d'un nœud, asymétriques, par le soin, la technique même de sa confection, le jeu du carton, du bois, du papier, des rubans, il n'est plus l'accessoire passager de l'objet transporté, mais devient lui-même objet ; l'enveloppe, en soi, est consacrée comme chose précieuse, quoique gratuite ; le paquet est une pensée ; ainsi, dans une revue vaguement pornographique, l'image d'un jeune Japonais nu, ficelé très régulièrement comme un saucisson : l'intention sadique (bien plus affichée qu'accomplie) est naïvement – ou ironiquement – absorbée dans la pratique, non d'une passivité, mais d'un art extrême : celui du paquet, du cordage.

Cependant, par sa perfection même, cette enveloppe, souvent répétée (on n'en finit pas de défaire le paquet), recule la découverte de l'objet qu'elle renferme – et qui est souvent insignifiant, car c'est précisément une spécialité du paquet japonais, que la futilité de la chose soit disproportionnée au luxe de l'enveloppe : une confiserie, un peu de pâte sucrée de haricots, un « souvenir » vulgaire (comme le Japon sait malheureusement en produire) sont emballés avec autant de somptuosité qu'un bijou. On dirait en somme que c'est la

boîte qui est l'objet du cadeau, non ce qu'elle contient: des nuées d'écoliers, en excursion d'un jour,
ramènent à leurs parents un beau paquet conte-
nant on ne sait quoi, comme s'ils étaient partis très
loin et que ce leur fût une occasion de s'adonner
par bandes à la volupté du paquet. Ainsi la boîte
joue au signe: comme enveloppe, écran, masque,
elle *vaut pour* ce qu'elle cache, protège, et cependant désigne: elle *donne le change*, si l'on veut bien
prendre cette expression dans son double sens,
monétaire et psychologique; mais cela même
qu'elle renferme et signifie, est très longtemps
remis à plus tard, comme si la fonction du paquet
n'était pas de protéger dans l'espace mais de ren-
voyer dans le temps; c'est dans l'enveloppe que
semble s'investir le travail de la *confection* (du
faire), mais par là même l'objet perd de son exis-
tence, il devient mirage: d'enveloppe en enveloppe, le signifié fuit, et lorsque enfin on le tient (il
y a toujours un petit *quelque chose* dans le paquet),
il apparaît insignifiant, dérisoire, vil: le plaisir,
champ du signifiant, a été pris: le paquet n'est pas
vide, mais vidé: trouver l'objet qui est dans le
paquet ou le signifié qui est dans le signe, c'est le
jeter: ce que les Japonais transportent, avec une
énergie formicante, ce sont en somme des signes

vides. Car il y a au Japon une profusion de ce que l'on pourrait appeler : les instruments de transport ; ils sont de toutes sortes, de toutes formes, de toutes substances : paquets, poches, sacs, valises, linges (le *fujô* : mouchoir ou foulard paysan dont on enveloppe la chose), tout citoyen a dans la rue un baluchon quelconque, un signe vide, énergiquement protégé, prestement transporté, comme si le fini, l'encadrement, le cerne hallucinatoire qui fonde l'objet japonais, le destinait à une translation généralisée. La richesse de la chose et la profondeur du sens ne sont congédiées qu'au prix d'une triple qualité, imposée à tous les objets fabriqués : qu'ils soient précis, mobiles et vides.

LES TROIS ÉCRITURES

Les poupées du *Bunraku* ont de un à deux
mètres de hauteur. Ce sont de petits hommes ou de
petites femmes, aux membres, aux mains et à la
bouche mobiles ; chaque poupée est mue par trois
hommes visibles, qui l'entourent, la soutiennent,
l'accompagnent : le maître tient le haut de la
poupée et son bras droit ; il a le visage découvert,
lisse, clair, impassible, froid comme *«un oignon
blanc qui vient d'être lavé»* (Bashô) ; les deux aides
sont en noir, une étoffe cache leur visage ; l'un,
ganté mais le pouce découvert, tient un grand
ciseau à ficelles dont il meut le bras et la main
gauches de la poupée ; l'autre, rampant, soutient le
corps, assure la marche. Ces hommes évoluent le
long d'une fosse peu profonde, qui laisse leur corps
apparent. Le décor est derrière eux, comme au
théâtre. Sur le côté, une estrade reçoit les musiciens
et les récitants ; leur rôle est d'*exprimer* le texte
(comme on presse un fruit) ; ce texte est mi-parlé,
mi-chanté ; ponctué à grands coups de plectre par
les joueurs de shamisen, il est à la fois mesuré et
jeté, avec violence et artifice. Suants et immobiles,
les porte-voix sont assis derrière de petits lutrins où
est posée la grande écriture qu'ils vocalisent et dont

Renversez l'image :
rien de plus, rien d'autre, rien.

on aperçoit de loin les caractères verticaux, lorsqu'ils tournent une page de leur livret; un triangle
de toile raide, attaché à leurs épaules comme un
cerf-volant, encadre leur face, en proie, elle, à toutes les affres de la voix.

Le *Bunraku* pratique donc trois écritures sépa-
rées, qu'il donne à lire simultanément en trois lieux
du spectacle : la marionnette, le manipulateur, le
vociférant : le geste effectué, le geste effectif, le
geste vocal. La voix : enjeu réel de la modernité,
substance particulière de langage, que l'on essaye
partout de faire triompher. Tout au contraire, le
Bunraku a une idée *limitée* de la voix ; il ne la sup-
prime pas, mais il lui assigne une fonction bien
définie, essentiellement triviale. Dans la voix du
récitant, viennent en effet se rassembler : la décla-
mation outrée, le trémolo, le ton suraigu, féminin,
les intonations brisées, les pleurs, les paroxysmes
de la colère, de la plainte, de la supplication, de
l'étonnement, le pathos indécent, toute la cuisine
de l'émotion, élaborée ouvertement au niveau de
ce corps interne, viscéral, dont le larynx est le
muscle médiateur. Encore ce débordement n'est-il
donné que sous le code même du débordement : la
voix ne se meut qu'à travers quelques signes
discontinus de tempête ; poussée hors d'un corps

immobile, triangulée par le vêtement, liée au livre qui, de son pupitre, la guide, cloutée sèchement par les coups légèrement déphasés (et par là même impertinents) du joueur de shamisen, la substance vocale reste écrite, discontinuée, codée, soumise à une ironie (si l'on veut bien ôter à ce mot tout sens caustique); aussi, ce que la voix extériorise, en fin de compte, ce n'est pas ce qu'elle porte (les «sentiments»), c'est elle-même, sa propre prostitution; le signifiant ne fait astucieusement que se retourner comme un gant.

Sans être éliminée (ce qui serait une façon de la censurer, c'est-à-dire d'en désigner l'importance), la voix est donc mise de côté (scéniquement, les récitants occupent une estrade latérale). Le *Bunraku* lui donne un contrepoids, ou, mieux, une contremarche : celle du geste. Le geste est double : geste émotif au niveau de la marionnette (des gens pleurent au suicide de la poupée-amante), acte transitif au niveau des manipulateurs. Dans notre art théâtral, l'acteur feint d'agir, mais ses actes ne sont jamais que des gestes : sur la scène, rien que du théâtre, et cependant du théâtre honteux. Le *Bunraku*, lui, (c'est sa définition), sépare l'acte du geste : il montre le geste, il laisse voir l'acte, il expose à la fois l'art et le travail, réserve à chacun

Le travesti oriental ne copie pas la Femme, il la signifie :
il ne s'empoisse pas dans son modèle, il se détache de son
signifié : la Féminité est donnée à lire, non à voir : trans-
lation, non transgression ; le signe passe du grand rôle
féminin au quinquagénaire père de famille : c'est le
même homme, mais où commence la métaphore ?

d'eux son écriture. La voix (et il n'y a alors aucun risque à la laisser atteindre les régions excessives de sa gamme), la voix est doublée d'un vaste volume de silence, où s'inscrivent avec d'autant plus de finesse, d'autres traits, d'autres écritures. Et ici, il se produit un effet inouï: loin de la voix et presque sans mimique, ces écritures silencieuses, l'une transitive, l'autre gestuelle, produisent une exaltation aussi spéciale, peut-être, que l'hyperesthésie intellectuelle que l'on attribue à certaines drogues. La parole étant, non pas purifiée (le *Bunraku* n'a aucun souci d'ascèse), mais, si l'on peut dire, massée sur le côté du jeu, les substances empoissantes du théâtre occidental sont dissoutes: l'émotion n'inonde plus, ne submerge plus, elle devient lecture, les stéréotypes disparaissent sans que, pour autant, le spectacle verse dans l'originalité, la « trouvaille ». Tout cela rejoint, bien sûr, l'effet de distance recommandé par Brecht. Cette distance, réputée chez nous impossible, inutile ou dérisoire, et abandonnée avec empressement, bien que Brecht l'ait très précisément située au centre de la dramaturgie révolutionnaire (et ceci explique sans doute cela), cette distance, le *Bunraku* fait comprendre comment elle peut fonctionner: par le discontinu des codes, par cette césure imposée aux différents traits de la représentation, en sorte que la copie élaborée sur la scène soit, non point détruite, mais comme brisée, striée, soustraite à la contagion métonymique de la voix et du geste, de l'âme et du corps, qui englue notre comédien.

Spectacle total, mais divisé, le *Bunraku* exclut bien entendu l'improvisation : retourner à la spontanéité serait retourner aux stéréotypes dont notre «profondeur» est constituée. Comme Brecht l'avait vu, ici règne la *citation*, la pincée d'écriture, le fragment de code, car aucun des promoteurs du jeu ne peut prendre au compte de sa propre personne ce qu'il n'est jamais seul à écrire. Comme dans le texte moderne, le tressage des codes, des références, des constats détachés, des gestes anthologiques, multiplie la ligne écrite, non par la vertu de quelque appel métaphysique, mais par le jeu d'une combinatoire qui s'ouvre dans l'espace entier du théâtre : ce qui est commencé par l'un est continué par l'autre, sans repos.

Le signe est une fracture
qui ne s'ouvre jamais que sur le visage
d'un autre signe.

L'écriture, donc, sourd *du plan d'ins-cription parce qu'elle se fait depuis un recul et un décalage non regardable (non en face à face; incitant d'emblée non à la vue mais au tracement) qui divise le sup-port en couloirs comme pour rappeler le vide pluriel où elle s'accomplit – elle est seulement* détachée *en surface, elle vient se tisser en surface, elle est déléguée du fond qui n'est pas un fond vers la surface qui n'est plus une surface mais fibre* écrite par en dessous à la verticale de son des-sus *(le pinceau se tient dressé dans la paume) – l'idéogramme rentrant ainsi dans la colonne – tube ou échelle – et s'y étageant comme une barre complexe déclenchée par la monosyllabe dans le champ de la voix: cette colonne peut être dite un «poignet vide» où apparaît d'abord un «unique trait» le souffle qui traverse le bras creusé, l'opération parfaite devant être celle de la «pointe cachée» ou de «l'absence de traces».*

Philippe Sollers. Sur le matérialisme, *1969.*

ANIMÉ/INANIMÉ

Traitant d'une antinomie fondamentale, celle de l'*animé/inanimé*, le *Bunraku* la trouble, l'évanouit sans profit pour aucun de ses termes. Chez nous, la marionnette (le polichinelle, par exemple) est chargée de tendre à l'acteur le miroir de son contraire ; elle anime l'inanimé, mais c'est pour mieux manifester sa dégradation, l'indignité de son inertie ; caricature de la «vie», elle en affirme par là même les limites *morales* et prétend confiner la beauté, la vérité, l'émotion dans le corps vivant de l'acteur, qui, cependant, fait de ce corps un mensonge. Le *Bunraku*, lui, ne signe pas l'acteur, il nous en débarrasse. Comment ? précisément par une certaine pensée du corps humain, que la matière inanimée mène ici avec infiniment plus de rigueur et de frémissement que le corps animé (doué d'une «âme»). L'acteur occidental (naturaliste) n'est jamais beau ; son corps se veut d'essence physiologique, et non plastique : c'est une collection d'organes, une musculature de passions, dont chaque ressort (voix, mimes, gestes) est soumis à une sorte d'exercice gymnastique ; mais par un retournement proprement bourgeois, bien que le corps de l'acteur soit construit selon une division des essences passionnelles, il emprunte à la physio-logie l'alibi d'une unité organique, celle de la « vie » : c'est l'acteur qui est ici marionnette, en dépit du lié de son jeu, dont le modèle n'est pas la caresse, mais seulement la « vérité » viscérale.

Le fondement de notre art théâtral est en effet beaucoup moins l'illusion de réalité que l'illusion de totalité : périodiquement, de la *choréia* grecque à l'opéra bourgeois, nous concevons l'art lyrique comme la simultanéité de plusieurs expressions (jouée, chantée, mimée), dont l'origine est unique, indivisible. Cette origine est le corps, et la totalité réclamée a pour modèle l'unité organique : le spec-tacle occidental est anthropomorphe ; en lui, le geste et la parole (sans parler du chant) ne forment qu'un seul tissu, congloméré et lubrifié comme un muscle unique qui fait jouer l'expression mais ne la divise jamais : l'unité du mouvement et de la voix produit *celui* qui joue ; autrement dit, c'est dans cette unité que se constitue la « personne » du per-sonnage, c'est-à-dire l'acteur. En fait, sous ses dehors « vivants » et « naturels », l'acteur occidental préserve la division de son corps, et, partant, la nourriture de nos fantasmes : ici la voix, là le regard, là encore la tournure sont érotisés, comme autant de morceaux du corps, comme autant de fétiches. La marionnette occidentale elle aussi (c'est bien visible dans le Polichinelle) est un sous-produit fantasmatique : comme réduction, reflet grinçant dont l'appartenance à l'ordre humain est rappelée sans cesse par une simulation caricaturée, elle ne vit pas comme un corps total, totalement frémissant, mais comme une portion rigide de l'acteur dont elle est émanée ; comme automate, elle est encore morceau de mouvement, saccade, secousse, essence de discontinu, projection décomposée des gestes du corps ; enfin, comme poupée, réminiscence du bout de chiffon, du pansement génital, elle est bien la « petite chose » phallique (« das Kleine ») tombée du corps pour devenir fétiche.

Il se peut bien que la marionnette japonaise garde quelque chose de cette origine fantasmatique ; mais l'art du *Bunraku* lui imprime un sens différent ; le *Bunraku* ne vise pas à « animer » un objet inanimé de façon à faire vivre un morceau du corps, une rognure d'homme, tout en lui gardant sa vocation de « partie » ; ce n'est pas la simulation du corps qu'il recherche, c'est, si l'on peut dire, son abstraction sensible. Tout ce que nous attribuons au corps total et qui est refusé à nos acteurs sous couvert d'unité organique, « vivante », le petit homme du *Bunraku* le recueille et le dit sans aucun mensonge : la fragilité, la discrétion, la somptuosité, la nuance inouïe, l'abandon de toute trivialité, le phrasé mélodique des gestes, bref les qualités mêmes que les rêves de l'ancienne théologie accordaient au corps glorieux, à savoir l'impassibilité, la clarté, l'agilité, la subtilité, voilà ce que le *Bunraku* accomplit, voilà comment il convertit le corps-fétiche en corps aimable, voilà comment il refuse l'antinomie de l'*animé / inanimé* et congédie le concept qui se cache derrière toute *animation* de la matière, et qui est tout simplement « l'âme ».

DEDANS/DEHORS

Prenez le théâtre occidental des derniers siècles; sa fonction est essentiellement de manifester
ce qui est réputé secret (les «sentiments», les
«situations», les «conflits»), tout en cachant l'artifice même de la manifestation (la machinerie, la
peinture, le fard, les sources de lumière). La scène
à l'italienne est l'espace de ce mensonge: tout s'y
passe dans un intérieur subrepticement ouvert,
surpris, épié, savouré par un spectateur tapi dans
l'ombre. Cet espace est théologique, c'est celui de
la Faute: d'un côté, dans une lumière qu'il feint
d'ignorer, l'acteur, c'est-à-dire le geste et la parole,
de l'autre, dans la nuit, le public, c'est-à-dire la
conscience.

Le *Bunraku* ne subvertit pas directement le
rapport de la salle et de la scène (encore que les
salles japonaises soient infiniment moins confi-
nées, moins étouffées, moins alourdies que les
nôtres); ce qu'il altère, plus profondément, c'est le
lien moteur qui va du personnage à l'acteur et qui
est toujours conçu, chez nous, comme la voie
expressive d'une intériorité. Il faut se rappeler que
les agents du spectacle, dans le *Bunraku*, sont à la
fois visibles et impassibles; les hommes en noir

s'affairent autour de la poupée, mais sans aucune affectation d'habileté ou de discrétion, et, si l'on peut dire, sans aucune démagogie publicitaire ; silencieux, rapides, élégants, leurs actes sont éminemment transitifs, opératoires, colorés de ce mélange de force et de subtilité, qui marque le gestuaire japonais et qui est comme l'enveloppe esthétique de l'efficacité ; quant au maître, sa tête est découverte ; lisse, nu, sans fard, ce qui lui confère un cachet civil (non théâtral), son visage est offert à la lecture des spectateurs ; mais ce qui est soigneusement, précieusement donné à lire, c'est qu'il n'y a rien à lire ; on retrouve ici cette exemption du sens, que nous pouvons à peine comprendre, puisque, chez nous, attaquer le sens, c'est le cacher ou l'inverser, mais jamais l'absenter. Avec le *Bunraku*, les sources du théâtre sont exposées dans leur vide. Ce qui est expulsé de la scène, c'est l'hystérie, c'est-à-dire le théâtre lui-même ; et ce qui est mis à la place, c'est l'action nécessaire à la production du spectacle : le travail se substitue à l'intériorité.

Il est donc vain de se demander, comme le font certains Européens, si le spectateur peut oublier ou non la présence des manipulateurs. Le *Bunraku* ne pratique ni l'occultation ni la manifestation emphatique de ses ressorts ; de la sorte, il débarrasse l'animation du comédien de tout relent sacré, et abolit le lien métaphysique que l'Occident ne peut s'empêcher d'établir entre l'âme et le corps, la cause et l'effet, le moteur et la machine, l'agent et l'acteur, le Destin et l'homme, Dieu et la créature : si le manipulateur n'est pas caché, pourquoi, comment voulez-vous en faire un Dieu ? Dans le *Bunraku*, la marionnette n'est tenue par aucun fil. Plus de fil, partant plus de métaphore, plus de Destin ; la marionnette ne singeant plus la créature, l'homme n'est plus une marionnette entre les mains de la divinité, le *dedans* ne commande plus le *dehors*.

Pourquoi, en Occident, la politesse est-elle considérée avec suspicion? Pourquoi la courtoisie y passe-t-elle pour une distance (sinon même une fuite) ou une hypocrisie? Pourquoi un rapport «informel» (comme on dit ici avec gourmandise) est-il plus souhaitable qu'un rapport codé?

L'impolitesse de l'Occident repose sur une certaine mythologie de la «personne». Topologiquement, l'homme occidental est réputé double, composé d'un «extérieur», social, factice, faux, et d'un «intérieur», personnel, authentique (lieu de la communication divine). Selon ce dessin, la «personne» humaine est ce lieu empli de nature (ou de divinité, ou de culpabilité), ceinturé, clos par une enveloppe sociale peu estimée: le geste poli (lorsqu'il est postulé) est le signe de respect échangé d'une plénitude à l'autre, à travers la limite mondaine (c'est-à-dire en dépit et par l'intermédiaire de cette limite). Cependant, dès lors que c'est l'intérieur de la «personne» qui est jugé respectable, il est logique de reconnaître mieux cette personne en déniant tout intérêt à son enveloppe mondaine: c'est donc le rapport prétendument franc, brutal, nu, mutilé (pense-t-on) de toute signalétique, indif-

férent à tout code intermédiaire, qui respectera le mieux le prix individuel de l'autre : être impoli, c'est être vrai, dit logiquement la morale occidentale. Car s'il y a bien une « personne » humaine (dense, pleine, centrée, sacrée), c'est sans doute elle que, dans un premier mouvement, l'on prétend « saluer » (de la tête, des lèvres, du corps) ; mais ma propre personne, entrant inévitablement en lutte avec la plénitude de l'autre, ne pourra se faire reconnaître qu'en rejetant toute médiation du factice et en affirmant l'intégrité (mot justement ambigu : physique et moral) de son « intérieur » ; et dans un second temps, je réduirai mon salut, je feindrai de le rendre naturel, spontané, débarrassé, purifié de tout code : je serai à peine gracieux, ou gracieux selon une fantaisie apparemment inventée, comme la princesse de Parme (chez Proust) signalant l'ampleur de ses revenus et la hauteur de son rang (c'est-à-dire son mode d'être « pleine » de choses et de se constituer en personne), non par la raideur distante de l'abord, mais par la « simplicité » voulue de ses manières : combien je suis simple, combien je suis gracieux, combien je suis franc, combien je suis *quelqu'un*, c'est ce que dit l'impolitesse de l'Occidental.

qui salue qui ?

L'autre politesse, par la minutie de ses codes, le graphisme net de ses gestes, et alors même qu'elle nous apparaît exagérément respectueuse (c'est-à-dire, à nos yeux, « humiliante ») parce que nous la lisons à notre habitude selon une métaphysique de la personne, cette politesse est un certain exercice du vide (comme on peut l'attendre d'un code fort, mais signifiant « rien »). Deux corps s'inclinent très bas l'un devant l'autre (les bras, les genoux, la tête restant toujours à une place réglée), selon des degrés de profondeur subtilement codés. Ou encore (sur une image ancienne): pour offrir un cadeau, je m'aplatis, courbé jusqu'à l'incrustation, et pour me répondre, mon partenaire en fait

autant : une même ligne basse, celle du sol, joint l'offrant, le recevant et l'enjeu du protocole, boîte qui peut-être ne contient rien – ou si peu de chose ; une forme graphique (inscrite dans l'espace de la pièce) est de la sorte donnée à l'acte d'échange, en qui, par cette forme, s'annule toute avidité (le cadeau reste suspendu entre deux disparitions). Le

le cadeau est seul :
il n'est touché
ni par la générosité
ni par la reconnaissance,
l'âme ne le contamine pas.

salut peut être ici soustrait à toute humiliation ou à toute vanité, parce qu'à la lettre il ne salue personne ; il n'est pas le signe d'une communication, surveillée, condescendante et précautionneuse, entre deux autarcies, deux empires personnels (chacun régnant sur son Moi, petit domaine dont il a la « clef ») ; il n'est que le trait d'un réseau de formes où rien n'est arrêté, noué, profond. *Qui salue qui ?* Seule une telle question justifie le salut, l'incline jusqu'à la courbette, l'aplatissement, fait triompher en lui, non le sens, mais le graphisme, et donne à une posture que nous lisons comme excessive, la retenue même d'un geste dont tout signifié est inconcevablement absent. *La Forme est Vide*, dit – et redit – un mot bouddhiste. C'est ce qu'énoncent, à travers une pratique des formes (mot dont le sens plastique et le sens mondain sont ici indissociables), la politesse du salut, la courbure de deux corps qui s'écrivent mais ne se prosternent pas. Nos habitudes de parler sont très vicieuses, car si je dis que là-bas la politesse est une religion, je fais entendre qu'il y a en elle quelque chose de sacré ; l'expression doit être dévoyée de façon à suggérer que la religion n'est là-bas qu'une politesse, ou mieux encore : que la religion a été remplacée par la politesse.

L'EFFRACTION DU SENS

Le haïku a cette propriété quelque peu fantas-magorique, que l'on s'imagine toujours pouvoir en faire soi-même facilement. On se dit : quoi de plus accessible à l'écriture spontanée que ceci (de Buson) :

C'est le soir, l'automne,
Je pense seulement
A mes parents.

Le haïku fait envie : combien de lecteurs occidentaux n'ont pas rêvé de se promener dans la vie, un carnet à la main, notant ici et là des «impressions», dont la brièveté garantirait la perfection, dont la simplicité attesterait la profondeur (en vertu d'un double mythe, l'un classique, qui fait de la concision une preuve d'art, l'autre romantique, qui attribue une prime de vérité à l'improvisation). Tout en étant intelligible, le haïku ne veut rien dire, et c'est par cette double condition qu'il semble offert au sens, d'une façon particulièrement disponible, serviable, à l'instar d'un hôte poli qui vous permet de vous installer largement chez lui, avec vos manies, vos valeurs, vos symboles ; l'« absence » du haïku (comme on dit aussi bien d'un esprit irréel que d'un propriétaire parti en voyage) appelle la subornation, l'effraction, en un mot, la convoitise majeure, celle du sens. Ce sens précieux, vital, désirable comme la fortune (hasard et argent), le haïku, débarrassé des contraintes métriques (dans les traductions que nous en avons), semble nous le fournir à profusion, à bon marché et sur commande ; dans le haïku, dirait-on, le symbole, la métaphore, la leçon ne coûtent presque rien : à peine quelques mots, une image, un sentiment – là où notre littérature demande ordinairement un poème, un développement ou (dans le genre bref) une pensée ciselée, bref un long travail rhétorique. Aussi le haïku semble donner à l'Occident des droits que sa littérature lui refuse, et des commodités qu'elle lui marchande. Vous avez le droit, dit le haïku, d'être futile, court, ordinaire ; enfermez ce que vous voyez, ce que vous sentez dans un mince horizon de mots, et vous intéresserez ; vous avez le droit de fonder vous-même (et à partir de vous-même) votre propre notable ; votre phrase, quelle qu'elle soit, énoncera une leçon, libérera un symbole, vous serez profond ; à moindres frais, votre écriture sera *pleine*.

L'Occident humecte toute chose de sens, à la manière d'une religion autoritaire qui impose le

baptême par populations; les objets de langage
(faits avec de la parole) sont évidemment des con-
vertis de droit: le sens premier de la langue
appelle, métonymiquement, le sens second du

discours, et cet appel a valeur d'obligation universelle. Nous avons deux moyens d'éviter au discours l'infamie du non-sens, et nous soumettons systématiquement l'énonciation (dans un colmatage éperdu de toute nullité qui pourrait laisser voir le vide du langage) à l'une ou l'autre de ces *significations* (ou fabrications actives de signes) : le symbole et le raisonnement, la métaphore et le syllogisme. Le haïku, dont les propositions sont toujours simples, courantes, en un mot *acceptables* (comme on dit en linguistique), est attiré dans l'un ou l'autre de ces deux empires du sens. Comme c'est un « poème », on le range dans cette partie du code général des sentiments que l'on appelle « l'émotion poétique » (la Poésie est ordinairement pour nous le signifiant du « diffus », de l'« ineffable », du « sensible », c'est la classe des impressions inclassables) ; on parle d'« émotion concentrée », de « notation sincère d'un instant d'élite », et surtout de « silence » (le silence étant pour nous signe d'un plein de langage). Si l'un (Jôco) écrit :

> *Que de personnes*
> *Ont passé à travers la pluie d'automne*
> *Sur le pont de Seta !*

on y voit l'image du temps qui fuit. Si l'autre
(Bashô) écrit :

J'arrive par le sentier de la montagne.
Ah ! ceci est exquis !
Une violette !

c'est qu'il a rencontré un ermite bouddhiste,
« fleur de vertu » ; et ainsi de suite. Pas un trait qui
ne soit investi par le commentateur occidental
d'une charge de symboles. Ou encore, on veut à
tout prix voir dans le tercet du haïku (ses trois vers
de cinq, sept et cinq syllabes) un dessin syllogis-
tique, en trois temps (la montée, le suspens, la con-
clusion) :

La vieille mare :
Une grenouille saute dedans :
Oh ! le bruit de l'eau.

(dans ce singulier syllogisme, l'inclusion se fait
de force : il faut, pour y être contenue, que la
mineure saute dans la majeure). Bien entendu, si
l'on renonçait à la métaphore ou au syllogisme, le
commentaire deviendrait impossible : parler du
haïku serait purement et simplement le répéter. Ce
que fait innocemment un commentateur de
Bashô :

Déjà quatre heures...
Je me suis levé neuf fois
Pour admirer la lune.

« La lune est si belle, dit-il, que le poète se lève et se relève sans cesse pour la contempler à sa fenêtre. » Déchiffrantes, formalisantes ou tautologiques, les voies d'interprétation, destinées chez nous à *percer* le sens, c'est-à-dire à le faire entrer par effraction – et non à le secouer, à le faire tomber, comme la dent du remâcheur d'absurde que doit être l'exerçant Zen, face à son *koan* – ne peuvent donc que manquer le haïku ; car le travail de lecture qui y est attaché est de suspendre le langage, non de le provoquer : entreprise dont précisément le maître du haïku, Bashô, semblait bien connaître la difficulté et la nécessité :

Comme il est admirable
Celui qui ne pense pas : « La Vie est éphémère »
En voyant un éclair !

L'EXEMPTION DU SENS

Le Zen tout entier mène la guerre contre la prévarication du sens. On sait que le bouddhisme déjoue la voie fatale de toute assertion (ou de toute négation) en recommandant de n'être jamais pris dans les quatre propositions suivantes : *cela est A – cela n'est pas A – c'est à la fois A et non-A – ce n'est ni A ni non-A.* Or cette quadruple possibilité correspond au paradigme parfait, tel que l'a construit la linguistique structurale *(A – non-A – ni A, ni non-A (degré zéro) – A et non-A (degré complexe);* autrement dit, la voie bouddhiste est très précisément celle du sens obstrué : l'arcane même de la signification, à savoir le paradigme, est rendu *impossible.* Lorsque le Sixième Patriarche donne ses instructions concernant le *mondo*, exercice de la question-réponse, il recommande, pour mieux brouiller le fonctionnement paradigmatique, dès qu'un terme est posé, de se déporter vers son terme adverse *(« Si, vous questionnant, quelqu'un vous interroge sur l'être, répondez par le non-être. S'il vous interroge sur le non-être, répondez pas l'être. S'il vous interroge sur l'homme ordinaire, répondez en parlant du sage, etc. »),* de façon à faire apparaître la dérision du déclic paradigmatique et le caractère mécanique du sens. Ce qui est visé (par une technique mentale dont la précision, la patience, le raffinement et le savoir attestent à quel point la pensée orientale tient pour difficile la péremption du sens), ce qui est visé, c'est le fondement du signe, à savoir la classification *(maya)*; contraint au classement par excellence, celui du langage, le haïku opère du moins en vue d'obtenir un langage plat, que rien n'assied (comme c'est immanquable dans notre poésie) sur des couches superposées de sens, ce que l'on pourrait appeler le «feuilleté» des symboles. Lorsqu'on nous dit que ce fut le bruit de la grenouille qui éveilla Bashô à la vérité du Zen, on peut entendre (bien que ce soit là une manière encore trop occidentale de parler) que Bashô découvrit dans ce bruit, non certes le motif d'une «illumination», d'une hyperesthésie symbolique, mais plutôt une fin du langage: il y a un moment où le langage cesse (moment obtenu à grand renfort d'exercices), et c'est cette coupure sans écho qui institue à la fois la vérité du Zen et la forme, brève et vide, du haïku. La dénégation du «développement» est ici radicale, car il ne s'agit pas d'arrêter le langage sur un silence lourd, plein, profond, mystique, ou même sur un vide de l'âme qui s'ouvrirait à la communication divine (le Zen est sans Dieu); ce qui est posé ne doit se développer ni dans le discours ni dans la fin du discours; ce qui est posé est *mat*, et tout ce que l'on peut en faire, c'est le ressasser; c'est cela que l'on recommande à l'exercitant qui travaille un *koan* (ou anecdote qui lui est proposée par son maître): non de le résoudre, comme s'il avait un sens, non même de percevoir son absurdité (qui est encore un sens), mais de le remâcher «jusqu'à ce que la dent tombe». Tout le Zen, dont le haïkaï n'est que la branche littéraire, apparaît ainsi comme une immense pratique destinée à *arrêter le langage*, à casser cette sorte de radiophonie intérieure qui émet continûment en nous, jusque dans notre sommeil (peut-être est-ce pour cela qu'on empêche les exercitants de s'endormir), à vider, à stupéfier, à assécher le bavardage incoercible de l'âme; et peut-être ce qu'on appelle, dans le Zen, *satori*, et que les Occidentaux ne peuvent traduire que par des mots vaguement chrétiens *(illumination, révélation, intuition)*, n'est-il qu'une suspension panique du langage, le blanc qui efface en nous le règne des Codes, la cassure de cette récitation intérieure qui constitue notre personne; et si cet état d'*a-langage* est une libération, c'est que pour l'expérience bouddhiste, la prolifération des pensées secondes (la pensée de la pensée), ou si l'on préfère, le supplément infini des signifiés surnuméraires – cercle dont le langage lui-même est le dépositaire et le modèle – apparaît comme un blocage: c'est au contraire l'abolition de la seconde pensée qui rompt l'infini vicieux du langage. Dans toutes ces expériences, semble-t-il, il ne s'agit pas d'écraser le langage sous le silence mystique de l'ineffable, mais de le *mesurer*, d'arrêter cette toupie verbale, qui entraîne dans sa giration le jeu obsessionnel des substitutions symboliques. En somme, c'est le symbole comme opération sémantique qui est attaqué.

Dans le haïku, la limitation du langage est l'objet d'un soin qui nous est inconcevable, car il ne s'agit pas d'être concis (c'est-à-dire de raccourcir le signifiant sans diminuer la densité du signifié) mais au contraire d'agir sur la racine même du sens, pour obtenir que ce sens ne fuse pas, ne s'intériorise pas, ne s'implicite pas, ne se décroche pas, ne divague pas dans l'infini des métaphores, dans les sphères du symbole. La brièveté du haïku n'est pas formelle; le haïku n'est pas une pensée riche réduite à une forme brève, mais un événement bref qui trouve d'un coup sa forme juste. La mesure du langage est ce à quoi l'Occidental est le plus impropre ; ce n'est pas qu'il fasse trop long ou trop court, mais toute sa rhétorique lui fait un devoir de disproportionner le signifiant et le signifié, soit en « délayant » le second sous les flots bavards du premier, soit en « approfondissant » la forme vers les régions implicites du contenu. La justesse du haïku (qui n'est nullement peinture exacte du réel, mais adéquation du signifiant et du signifié, suppression des marges, bavures et interstices qui d'ordinaire excèdent ou ajourent le rapport sémantique), cette justesse a évidemment quelque chose de musical (musique des sens, et non forcément des sons) : le haïku a la pureté, la sphéricité et le vide même d'une note de musique ; c'est peut-être pour cela qu'il se dit deux fois, en écho ; ne dire qu'une fois cette parole exquise, ce serait attacher un sens à la surprise, à la pointe, à la soudaineté de la perfection ; le dire plusieurs fois, ce serait postuler que le sens est à découvrir, simuler la profondeur ; entre les deux, ni singulier ni profond, l'écho ne fait que tirer un trait sous la nullité du sens.

L'INCIDENT

L'art occidental transforme l'«impression» en description. Le haïku ne décrit jamais: son art est contre-descriptif, dans la mesure où tout état de la chose est immédiatement, obstinément, victorieusement converti en une essence fragile d'apparition: moment à la lettre «intenable», où la chose, bien que n'étant déjà que langage, va devenir parole, va passer d'un langage à un autre et se constitue comme le souvenir de ce futur, par là même antérieur. Car, dans le haïku c'est non seulement l'événement proprement dit qui prédomine,

(Je vis la première neige.
Ce matin-là j'oubliai
De laver mon visage.)

mais, même ce qui nous semblerait avoir vocation de peinture, de tableautin – comme il y en a tant dans l'art japonais – tel ce haïku de Shiki:

Avec un taureau à bord,
Un petit bateau traverse la rivière,
A travers la pluie du soir.

devient ou n'est qu'une sorte d'accent absolu (comme en reçoit toute chose, futile ou non, dans le Zen), un pli léger dont est pincée, d'un coup preste, la page de la vie, la soie du langage. La description, genre occidental, a son répondant spirituel dans la contemplation, inventaire méthodique des formes attributives de la divinité ou des épisodes du récit évangélique (chez Ignace de Loyola, l'exercice de la contemplation est essentiellement descriptif); le haïku, au contraire, articulé sur une métaphysique sans sujet et sans dieu, correspond au *Mu* bouddhiste, au *satori* Zen, qui n'est nullement descente illuminative de Dieu, mais «réveil devant le fait», saisie de la chose comme événement et non comme substance, atteinte de ce bord antérieur du langage, contigu à la matité (d'ailleurs toute rétrospective, reconstituée) de l'aventure (ce qui advient au langage, plus encore qu'au sujet).

Le nombre, la dispersion des haïku d'une part, la brièveté, la clôture de chacun d'eux d'autre part, semblent diviser, classer à l'infini le monde, constituer un espace de purs fragments, une poussière d'événements que rien, par une sorte de déshérence de la signification, ne peut ni ne doit coaguler, construire, diriger, terminer. C'est que le temps du haïku est sans sujet: la lecture n'a pas d'autre *moi* que la totalité des haïku dont ce *moi*, par

Jardin Zen :
« Nulle fleur, nul pas :
   Où est l'homme ?
Dans le transport des rochers,
 dans la trace du râteau,
 dans le travail de l'écriture. »

réfraction infinie, n'est jamais que le lieu de lecture ; selon une image proposée par la doctrine Hua-Yen, on pourrait dire que le corps collectif des haïku est un réseau de joyaux, dans lequel chaque joyau reflète tous les autres et ainsi de suite, à l'infini, sans qu'il y ait jamais à saisir un centre, un noyau premier d'irradiation (pour nous l'image la plus juste de ce rebondissement sans moteur et sans butée, de ce jeu d'éclats sans origine, serait celle du dictionnaire, dans lequel le mot ne peut se définir que par d'autres mots). En Occident, le miroir est un objet essentiellement narcissique : l'homme ne pense le miroir que pour s'y regarder ; mais en Orient, semble-t-il, le miroir est vide ; il est symbole du vide même des symboles (*« L'esprit de l'homme parfait*, dit un maître du Tao, *est comme un miroir. Il ne saisit rien mais ne repousse rien. Il reçoit, mais ne conserve pas. »* : le miroir ne capte que d'autres miroirs, et cette réflexion infinie est le vide même (qui, on le sait, est la forme). Ainsi le haïku nous fait souvenir de ce qui ne nous est jamais arrivé ; en lui nous *reconnaissons* une répétition sans origine, un événement sans cause, une mémoire sans personne, une parole sans amarres.

Ce que je dis ici du haïku, je pourrais le dire aussi de tout ce qui *advient* lorsque l'on voyage dans ce pays que l'on appelle ici le Japon. Car là-bas, dans la rue, dans un bar, dans un magasin, dans un train, il *advient* toujours quelque chose. Ce quelque chose – qui est étymologiquement une aventure – est d'ordre infinitésimal : c'est une incongruité de vêtement, un anachronisme de culture, une liberté de comportement, un illogisme d'itinéraire, etc. Recenser ces événements serait une entreprise sisyphéenne, car ils ne brillent qu'au moment où on les *lit*, dans l'écriture vive de la rue, et l'Occidental ne pourrait spontanément les dire qu'en les chargeant du sens même de sa distance : il faudrait précisément en faire des haïku, langage qui nous est refusé. Ce que l'on peut ajouter, c'est que ces aventures infimes (dont l'accumulation, le long d'une journée, provoque une sorte d'ivresse érotique) n'ont jamais rien de pittoresque (le pittoresque japonais nous est indifférent, car il est détaché de ce qui fait la spécialité même du Japon, qui est sa modernité), ni de romanesque (ne se prêtant en rien au bavardage qui en ferait des récits ou des descriptions) ; ce qu'elles donnent à *lire* (je suis là-bas lecteur, non visiteur), c'est la rectitude de la trace, sans sillage, sans marge, sans vibration ; tant de menus comportements (du vêtement au sourire) qui chez nous, par suite du narcissisme invétéré de l'Occidental, ne sont que les signes d'une assurance gonflée, deviennent, chez les Japonais, de simples façons de passer, de tracer quelque inattendu dans la rue : car la sûreté et l'indépendance du geste ne renvoient plus alors à une affirmation du moi (à une «suffisance») mais seulement à un mode graphique d'exister ; en sorte que le spectacle de la rue japonaise (ou plus généralement du lieu public), excitant comme le produit d'une esthétique séculaire, d'où toute vulgarité s'est décantée, ne dépend jamais d'une théâtralité (d'une hystérie) des corps, mais, une fois de plus, de cette écriture *alla prima*, où l'esquisse et le regret, la manœuvre et la correction sont également impossibles, parce que le trait, libéré de l'image avantageuse que le scripteur voudrait donner de lui-même, n'exprime pas, mais simplement fait exister. *« Lorsque tu marches, dit un maître Zen, contente-toi de marcher. Lorsque tu es assis, contente-toi d'être assis. Mais surtout ne tergiverse pas ! »* : c'est ce que semblent me dire à leur manière le jeune bicyclettiste qui porte au sommet de son bras levé un plateau de bols ; ou la jeune fille qui s'incline d'un geste si profond, si ritualisé qu'il en perd toute servilité, devant les clients d'un grand magasin partis à l'assaut d'un escalier roulant, ou le joueur de Pachinko enfournant, propulsant et recevant ses billes, en trois gestes dont la coordination même est un dessin, ou le dandy qui, au café, fait sauter d'un coup rituel (sec et mâle) l'enveloppe plastique de la serviette chaude dont il s'essuiera les mains avant de boire son coca-cola: tous ces incidents sont la matière même du haïku.

TEL

Le travail du haïku, c'est que l'exemption du sens s'accomplit à travers un discours parfaitement lisible (contradiction refusée à l'art occidental, qui ne sait contester le sens qu'en rendant son discours incompréhensible), en sorte que le haïku n'est à nos yeux ni excentrique ni familier : il ressemble à rien et à tout : lisible, nous le croyons simple, proche, connu, savoureux, délicat, « poétique », en un mot offert à tout un jeu de prédicats rassurants ; insignifiant néanmoins, il nous résiste, perd finalement les adjectifs qu'un moment plus tôt on lui décernait et entre dans cette suspension du sens, qui nous est la chose la plus étrange puisqu'elle rend impossible l'exercice le plus courant de notre parole, qui est le commentaire. Que dire de ceci :

Brise printanière :
Le batelier mâche sa pipette.

ou de ceci :

Pleine lune
Et sur les nattes
L'ombre d'un pin.

ou de ceci :

Dans la maison du pêcheur,
L'odeur du poisson séché
Et la chaleur.

ou encore (mais non pas enfin, car les exemples seraient innombrables) de ceci :

Le vent d'hiver souffle.
Les yeux des chats
Clignotent.

De tels *traits* (ce mot convient au haïku, sorte de balafre légère tracée dans le temps) installent ce qu'on a pu appeler « la vision sans commentaire ». Cette vision (le mot est encore trop occidental) est au fond entièrement privative ; ce qui est aboli, ce n'est pas le sens, c'est toute idée de finalité : le haïku ne sert à aucun des usages (eux-mêmes pourtant gratuits) concédés à la littérature : insignifiant (par une technique d'arrêt du sens), comment pourrait-il instruire, exprimer, distraire ? De la même façon, alors que certaines écoles Zen conçoivent la méditation assise comme une pratique *destinée* à l'obtention de la bouddhéité, d'autres refusent jusqu'à cette finalité (pourtant apparemment essentielle) :

il faut rester assis *«juste pour rester assis»*. Le haïku (comme les innombrables gestes graphiques qui marquent la vie japonaise la plus moderne, la plus sociale) n'est-il pas de la sorte écrit *«juste pour écrire»*?

Ce qui disparaît, dans le haïku, ce sont les deux fonctions fondamentales de notre écriture classique (millénaire): d'une part la description (la pipette du batelier, l'ombre du pin, l'odeur du poisson, le vent d'hiver ne sont pas décrits, c'est-à-dire ornés de significations, de leçons, engagés à titre d'indices dans le dévoilement d'une vérité ou d'un sentiment: le sens est refusé au réel; bien plus: le réel ne dispose plus du sens même du réel), et d'autre part la définition; non seulement la définition est transférée au geste, fût-il graphique, mais encore elle est dérivée vers une sorte d'efflorescence inessentielle – excentrique – de l'objet, comme le dit bien une anecdote Zen, où l'on voit le maître décerner la prime de définition *(qu'est-ce qu'un éventail?)* non pas même à l'illustration muette, purement gestuelle, de la fonction *(déployer l'éventail)*, mais à l'invention d'une chaîne d'actions aberrantes *(refermer l'éventail, se gratter le cou, le rouvrir, placer un gâteau dessus et l'offrir au maître)*. Ne décrivant ni ne définissant, le haïku (j'appelle ainsi finalement tout *trait* discontinu, tout événement de la vie japonaise, tel qu'il s'offre à ma lecture), le haïku s'amincit jusqu'à la pure et seule désignation. *C'est cela, c'est ainsi*, dit le haïku, *c'est tel*. Ou mieux encore : *Tel !* dit-il, d'une touche si instantanée et si courte (sans vibration ni reprise) que la copule y apparaîtrait encore de trop, comme le remords d'une définition interdite, à jamais éloignée. Le sens n'y est qu'un flash, une griffure de lumière : *When the light of sense goes out, but with a flash that has revealed the invisible world*, écrivait Shakespeare ; mais le flash du haïku n'éclaire, ne révèle rien ; il est celui d'une photographie que l'on prendrait très soigneusement (à la japonaise), mais en ayant omis de charger l'appareil de sa pellicule. Ou encore : haïku (le *trait*) reproduit le geste désignateur du petit enfant qui montre du doigt quoi que ce soit (le haïku ne fait pas acception du sujet), en disant seulement : *ça !* d'un mouvement si immédiat (si privé de toute médiation : celle du savoir, du nom ou même de la possession) que ce qui est désigné est l'inanité même de toute classification de l'objet : *rien de spécial*, dit le haïku, conformément à l'esprit du Zen : l'événement n'est nommable selon aucune espèce, sa spécialité tourne court ; comme une boucle gracieuse, le haïku s'enroule sur lui-même, le sillage du signe qui semble avoir été tracé, s'efface: rien n'a été acquis, la pierre du mot a été jetée pour rien: ni vagues ni coulée du sens.

PAPETERIE

C'est par la papeterie, lieu et catalogue des choses nécessaires à l'écriture, que l'on s'introduit dans l'espace des signes ; c'est dans la papeterie que la main rencontre l'instrument et la matière du trait ; c'est dans la papeterie que commence le commerce du signe, avant même qu'il soit tracé. Aussi chaque nation a sa papeterie. Celle des Etats-Unis est abondante, précise, ingénieuse ; c'est une papeterie d'architectes, d'étudiants, dont le commerce doit prévoir les postures décontractées ; elle dit que l'usager n'éprouve nul besoin de s'investir dans son écriture mais qu'il lui faut toutes les commodités propres à enregistrer confortablement les produits de la mémoire, de la lecture, de l'enseignement, de la communication ; une bonne domination de l'ustensile, mais nul fantasme du trait, de l'outil ; repoussée dans de purs usages, l'écriture ne s'assume jamais comme le jeu d'une pulsion. La papeterie française, souvent localisée dans des *« Maisons fondées en 18.. »*, aux panonceaux de marbre noir incrusté de lettres d'or, reste une papeterie de comptables, de scribes, de commerce ; son produit exemplaire est la minute, le double juridique et calligraphié, ses patrons sont les éternels copieurs, Bouvard et Pécuchet.

L'Apparat
de la Lettre

La papeterie japonaise a pour objet cette écriture idéographique qui semble à nos yeux dériver de la peinture, alors que tout simplement elle la fonde (il est important que l'art ait une origine scripturale, et non point expressive). Autant cette papeterie japonaise invente de formes et de qualités pour les deux matières primordiales de l'écriture, à savoir la surface et l'instrument traceur, autant, comparativement, elle néglige ces à-côtés de l'enregistrement qui forment le luxe fantasmatique des papeteries américaines : le trait excluant ici la rature ou la reprise (puisque le caractère est tracé *alla prima*), aucune invention de la gomme ou de ses substituts (la gomme, objet emblématique du signifié que l'on voudrait bien effacer ou dont, tout au moins, on voudrait bien alléger, amincir la plénitude ; mais en face de chez nous, du côté de l'Orient, pourquoi des gommes, puisque le miroir est vide ?). Tout, dans l'instrumentation, est dirigé vers le paradoxe d'une écriture irréversible et fragile, qui est à la fois, contradictoirement, incision et glissement : des papiers de mille sortes, mais dont beaucoup laissent deviner, dans leur grain moulu de pailles claires, de brins écrasés, leur origine herbeuse ; des cahiers dont les pages sont pliées en double, comme celles d'un livre qui n'a pas été coupé de façon que l'écriture se meut à travers un luxe de surfaces et ignore la déteinte, l'imprégnation métonymique de l'envers et de l'endroit (elle se trace au-dessus d'un vide): le palimpseste, la trace effacée qui devient par là un secret, est impossible. Quant au pinceau (passé sur une pierre d'encre légèrement humectée), il a ses gestes, comme s'il était le doigt; mais alors que nos anciennes plumes ne connaissaient que l'empâtement ou le déliement et ne pouvaient, pour le reste, que gratter le papier toujours dans le même sens, le pinceau, lui, peut glisser, se tordre, s'enlever, la trace s'accomplissant pour ainsi dire dans le volume de l'air, il a la flexibilité charnelle, lubrifiée, de la main. Le stylo de feutre, d'origine japonaise, a pris le relais du pinceau: ce stylo n'est pas une amélioration de la pointe, elle-même issue de la plume (d'acier ou de cartilage), son hérédité directe est celle de l'idéogramme. Cette pensée graphique, à laquelle renvoie toute papeterie japonaise (dans chaque grand magasin, il y a un écrivain public qui trace sur de longues enveloppes bordées de rouge les adresses verticales des cadeaux), on la retrouve, paradoxalement (du moins pour nous), jusque dans la machine à écrire; la nôtre se hâte de transformer l'écriture en produit mercantile : elle préédite le texte au moment même où on l'écrit ; la leur, par ses caractères innombrables, non plus alignés en lettres sur un seul front piqueur mais enroulés sur des tambours, appelle le dessin, la marqueterie idéographique dispersée à travers la feuille, en un mot l'espace ; de la sorte la machine prolonge, du moins virtuellement, un art graphique véritable qui ne serait plus travail esthétique de la lettre solitaire, mais abolition du signe, jeté en écharpe, à toute volée, dans toutes les directions de la page.

LE VISAGE ÉCRIT

Le visage théâtral n'est pas peint (fardé), il est écrit. Il se produit ce mouvement imprévu : peinture et écriture ayant même un instrument originel, le pinceau, ce n'est pourtant pas la peinture qui attire l'écriture dans son style décoratif, dans sa touche étalée, caressante, dans son espace représentatif (comme il n'eût pas manqué, sans doute, de se produire chez nous, pour qui l'avenir civilisé d'une fonction n'est jamais que son anoblissement esthétique), c'est au contraire l'acte d'écriture qui subjugue le geste pictural, en sorte que peindre n'est jamais qu'inscrire. Ce visage théâtral (masqué dans le Nô, dessiné dans le Kabouki, artificiel dans le Bunraku) est fait de deux substances : le blanc du papier, le noir de l'inscription (réservé aux yeux).

Le blanc du visage semble avoir pour fonction, non de dénaturer la carnation, ou de la caricaturer (comme c'est le cas pour nos clowns, dont la farine, le plâtre ne sont qu'une incitation à peinturlurer la face), mais seulement d'effacer la trace antérieure des traits, d'amener la figure à l'étendue vide d'une étoffe mate qu'aucune substance naturelle (farine, pâte, plâtre ou soie) ne vient métaphoriquement animer d'un grain, d'une douceur ou d'un reflet.

ロラン・バルト氏

遣文化使節として来日した。二十日まで滞在し、その間東大、京大など数カ所で講演を行なう予定である。

しかし、いティックな言トはフランス「問題の」批るだろう。前

　人文科学を駆使

バルトの名前は日本ではほとんど知られていない。（処女作「文体＝エクリチュール＝の原点」が森本和夫氏によって「零度の文

シュレ論」「批ー文論」「批論」「批評とこれまでの著

Ce conférencier occidental, dès lors qu'il est cité par le Kobé Shinbun, *se retrouve japonisé, les yeux élongés, la prunelle noircie par la typographie nippone.*

La face est seulement: *la chose à écrire;* mais ce futur est déjà lui-même écrit par la main qui a passé de blanc les sourcils, la protubérance du nez, les méplats des joues, et donné à la page de chair la limite noire d'une chevelure compacte comme de la pierre. La blancheur du visage, nullement candide, mais lourde, dense jusqu'à l'écœurement, comme le sucre, signifie en même temps deux mouvements contradictoires: l'immobilité (que nous appellerions « moralement » : impassibilité) et la fragilité (que nous appellerions de la même manière mais sans plus de succès : émotivité). Non point *sur* cette surface, mais gravée, incisée en elle, la fente, strictement élongée, des yeux et de la bouche. Les yeux, barrés, décerclés par la paupière rectiligne, plate, et que ne soutient aucun cerne inférieur (le cerne des yeux : valeur proprement expressive du visage occidental : fatigue, morbidesse, érotisme), les yeux débouchent directement sur le visage, comme s'ils étaient le fond noir et vide de l'écriture, « la nuit de l'encrier » ; ou encore : le visage est tiré à la façon d'une nappe vers le puits noir (mais non point « sombre ») des yeux. Réduit aux signifiants élémentaires de l'écriture (le vide de la page et le creux de ses incises), le visage congédie

De son côté, le jeune acteur Teturo Tanba, citant Anthony Perkins, y perd ses yeux asiatiques. Qu'est-ce donc que notre visage, sinon une citation ?

121

tout signifié, c'est-à-dire toute expressivité : cette écriture n'écrit rien (ou écrit : *rien*) ; non seulement elle ne se «prête» (mot naïvement comptable) à aucune émotion, à aucun sens (même pas celui de l'impassibilité, de l'inexpressivité), mais encore elle ne copie aucun caractère : le travesti (puisque les rôles de femmes sont tenus par des hommes) n'est pas un garçon fardé en femme, à grand renfort de nuances, de touches véristes, de simulations coûteuses, mais un pur signifiant dont le *dessous* (la vérité) n'est ni clandestin (jalousement masqué) ni subrepticement signé (par un clin d'œil loustic à la virilité du support, comme il arrive aux travestis occidentaux, blondes opulentes dont la main triviale ou le grand pied viennent infailliblement démentir la poitrine hormonale) : simplement *absenté* ; l'acteur, dans son visage, ne joue pas à la femme, ni ne la copie, mais seulement la signifie ; si, comme dit Mallarmé, l'écriture est faite «des gestes de l'idée», le travesti est ici le geste de la féminité, non son plagiat ; il s'ensuit qu'il n'est nullement remarquable, c'est-à-dire nullement *marqué* (chose inconcevable en Occident, où le travestissement est déjà, en soi, mal conçu et mal supporté, purement transgressif), de voir un acteur de cinquante ans (fort célèbre et honoré) jouer le rôle d'une jeune femme amoureuse et effarouchée ; car la jeunesse, pas plus que la féminité, n'est ici une essence naturelle, après la vérité de laquelle on court éperdument ; le raffinement du code, sa précision, indifférente à toute copie liée, de type organique (susciter le corps réel, physique d'une jeune femme) ont pour effet – ou justification – d'absorber et d'évanouir tout le réel féminin dans la diffraction subtile du signifiant : signifiée, mais non représentée, la Femme est une idée (non une nature) ; comme telle, elle est ramenée dans le jeu classificateur et dans la vérité de sa pure différence : le travesti occidental veut être *une* femme, l'acteur oriental ne cherche rien d'autre qu'à combiner les signes de la Femme.

Cependant, dans la mesure où ces signes sont extrêmes, non parce qu'ils sont emphatiques (on pense bien qu'ils ne le sont pas), mais parce qu'ils sont intellectuels – étant, comme écriture, « les gestes de l'idée » – ils purifient le corps de toute expressivité : on peut dire qu'à force d'être signes, ils exténuent le sens. De la sorte s'explique cette conjonction du signe et de l'impassibilité (mot, on l'a déjà dit, impropre, puisque moral, expressif), qui marque le théâtre asiatique. Ceci touche à une certaine façon de prendre la mort. Imaginer, fabri-

Ils vont mourir, ils le savent

et cela ne se voit pas.

quer un visage, non pas impassible ou insensible (ce qui est encore un sens), mais comme sorti de l'eau, lavé de sens, c'est une manière de répondre à la mort. Regardez cette photographie du 13 septembre 1912: le général Nogi, vainqueur des Russes à Port-Arthur, se fait photographier avec sa femme; leur empereur venant de mourir, ils ont décidé de se suicider le lendemain; donc, ils *savent*; lui, perdu dans sa barbe, son képi, ses chamarrures, n'a presque pas de visage; mais elle, elle garde son visage entier: impassible? bête? paysan? digne? Comme pour l'acteur travesti, aucun adjectif n'est possible, le prédicat est congédié, non par solennité de la mort prochaine, mais à l'inverse par exemption du sens de la Mort, de la Mort comme sens. La femme du général Nogi a décidé que la Mort était le sens, que l'une et l'autre se congédiaient en même temps et que donc, fût-ce par le visage, il ne fallait pas «en parler».

126

DES MILLIONS DE CORPS

Un Français (sauf s'il est à l'étranger) ne peut classer les visages français; il perçoit sans doute des figures communes, mais l'abstraction de ces visages répétés (qui est la classe à laquelle ils appartiennent) lui échappe. Le corps de ses compatriotes, invisible par situation quotidienne, est une parole qu'il ne peut rattacher à aucun code; le *déjà vu* des visages n'a pour lui aucune valeur intellectuelle; la beauté, s'il la rencontre, n'est jamais pour lui une essence, le sommet ou l'accomplissement d'une recherche, le fruit d'une maturation intelligible de l'espèce, mais seulement un hasard, une protubérance de la platitude, un écart de la répétition. Inversement, ce même Français, s'il voit un Japonais à Paris, le perçoit sous la pure abstraction de sa race (à supposer qu'il ne voie simplement en lui un Asiatique); entre ces très rares corps japonais, il ne peut introduire aucune différence; bien plus: après avoir unifié la race japonaise sous un seul type, il rapporte abusivement ce type à l'image culturelle qu'il a du Japonais, telle qu'il l'a construite à partir, non point même des films, car ces films ne lui ont présenté que des êtres anachroniques, paysans ou samouraïs, qui appartiennent

moins au « Japon » qu'à l'objet : « film japonais »,
mais de quelques photographies de presse, de
quelques flashes d'actualité ; et ce Japonais arché-
typique est assez lamentable : c'est un être menu, à
lunette, sans âge, au vêtement correct et terne, petit
employé d'un pays grégaire.

Au Japon, tout change : le néant ou l'excès du
code exotique, auxquels est condamné chez lui le
Français en proie à *l'étranger* (dont il ne parvient
pas à faire de l'*étrange*), s'absorbe dans une dialectique nouvelle de la parole et de la langue, de la
série et de l'individu, du corps et de la race (on peut
parler à la lettre de dialectique, puisque ce que
l'arrivée au Japon vous dévoile, d'un seul et vaste
coup, c'est la transformation de la qualité par la
quantité, du petit fonctionnaire en diversité exubé-
rante). La découverte est prodigieuse : les rues, les
magasins, les bars, les cinémas, les trains déplient
l'immense dictionnaire des visages et des silhouet-
tes, où chaque corps (chaque mot) ne veut dire que
lui-même et renvoie cependant à une classe ; ainsi
a-t-on à la fois la volupté d'une rencontre (avec la
fragilité, la singularité) et l'illumination d'un type
(le félin, le paysan, le rond comme une pomme
rouge, le sauvage, le lapon, l'intellectuel, l'en-
dormi, le lunaire, le rayonnant, le pensif), source

d'une jubilation intellectuelle, puisque l'immaîtrisable est maîtrisé. Immergé dans ce peuple de cent millions de corps (on préférera cette comptabilité à celle des « âmes »), on échappe à la double platitude de la diversité absolue, qui n'est finalement que répétition pure (c'est le cas du Français en proie à ses compatriotes) et de la classe unique, mutilée de toute différence (c'est le cas du Japonais petit fonctionnaire, tel qu'on croit le voir en Europe). Cependant, ici comme dans d'autres ensembles sémantiques, le système vaut par ses points de fuite : un type s'impose et néanmoins ses individus ne sont jamais trouvés côte à côte ; à chaque population que le lieu public vous découvre, analogue en cela à la phrase, vous saisissez des signes singuliers mais connus, des corps neufs mais virtuellement répétés ; dans une telle scène, jamais à la fois deux endormis ou deux rayonnants, et cependant l'un et l'autre rejoignent une connaissance : le stéréotype est déjoué mais l'intelligible est préservé. Ou encore – autre fuite du code – des combinaisons inattendues sont découvertes : le sauvage et le féminin coïncident, le lisse et l'ébouriffé, le dandy et l'étudiant, etc., produisant, dans la série, des départs nouveaux, des ramifications à la fois claires et inépuisables. On

dirait que le Japon impose la même dialectique à ses corps qu'à ses objets : voyez le rayon des mouchoirs dans un grand magasin : innombrables, tous dissemblables et cependant nulle intolérance à la série, nulle subversion de l'ordre. Ou encore les haïku : combien de haïku dans l'histoire du Japon ? Ils disent tous la même chose : la saison, la végétation, la mer, le village, la silhouette, et cependant chacun est à sa manière un événement irréductible. Ou encore les signes idéographiques : logiquement inclassables, puisqu'ils échappent à un ordre phonétique arbitraire mais limité, donc mémorable (l'alphabet) et cependant classés dans des dictionnaires, où ce sont – admirable présence du corps dans l'écriture et le classement – le nombre et l'ordre des gestes nécessaires au tracé de l'idéogramme qui déterminent la typologie des signes. De même les corps : tous japonais (et non : asiatiques), formant un corps général (mais non pas global, comme on le croit de loin), et pourtant vaste tribu de corps différents, dont chacun renvoie à une classe, qui fuit, sans désordre, vers un ordre interminable ; en un mot : ouverts, au dernier moment, comme un système logique. Le résultat – ou l'enjeu – de cette dialectique est le suivant : le corps japonais va jusqu'au bout de son individualité (comme le maître Zen, lorsqu'il *invente* une réponse saugrenue et déroutante à la question sérieuse et banale du disciple), mais cette individualité ne peut être comprise au sens occidental : elle est pure de toute hystérie, ne vise pas à faire de l'individu un corps original, distingué des autres corps, gagné par cette fièvre promotionnelle qui touche tout l'Occident. L'individualité n'est pas ici clôture, théâtre, surpassement, victoire ; elle est simplement différence, réfractée, sans privilège, de corps en corps. C'est pourquoi la beauté ne s'y définit pas, à l'occidentale, par une singularité inaccessible : elle est reprise ici et là, elle court de différence en différence, disposée dans le grand syntagme des corps.

LA PAUPIÈRE

Les quelques traits qui composent un caractère idéographique sont tracés dans un certain ordre, arbitraire mais régulier; la ligne, commencée à plein pinceau, se termine par une pointe courte, infléchie, détournée au dernier moment de son sens. C'est ce même tracé d'une pression que l'on retrouve dans l'œil japonais. On dirait que le calligraphe anatomiste pose à plein son pinceau sur le coin interne de l'œil et le tournant un peu, d'un seul trait, comme il se doit dans la peinture *alla prima*, ouvre le visage d'une fente elliptique, qu'il ferme vers la tempe, d'un virage rapide de sa main; le tracé est parfait parce que simple, immédiat, instantané et cependant mûr comme ces cercles qu'il faut toute une vie pour apprendre à faire d'un seul geste souverain. L'œil est ainsi contenu entre les parallèles de ses bords et la double courbe (inversée) de ses extrémités: on dirait l'empreinte découpée d'une feuille, la trace couchée d'une large virgule peinte. L'œil est plat (c'est là son miracle); ni exorbité ni renfoncé, sans bourrelet, sans poche et si l'on peut dire sans peau, il est la fente lisse d'une surface lisse. La prunelle, intense, fragile, mobile, intelligente (car cet œil barré, interrompu par le bord supérieur de la fente, semble receler de la sorte une pensivité retenue. un supplément d'intelligence mis en réserve, non point *derrière* le regard, mais *au-dessus*), la prunelle n'est nullement dramatisée par l'orbite, comme il arrive dans la morphologie occidentale; l'œil est libre dans sa fente (qu'il emplit souverainement et subtilement), et c'est bien à tort (par un ethnocentrisme évident) que nous le déclarons *bridé;* rien ne le retient, car inscrit à même la peau, et non sculpté dans l'ossature, son espace est celui de tout le visage. L'œil occidental est soumis à toute une mythologie de l'âme, centrale et secrète, dont le feu, abrité dans la cavité orbitaire, irradierait vers un extérieur charnel, sensuel, passionnel; mais le visage japonais est sans hiérarchie morale; il est entièrement vivant, vivace même (contrairement à la légende du hiératisme oriental), parce que sa morphologie ne peut être lue « en profondeur », c'est-à-dire selon l'axe d'une intériorité; son modèle n'est pas sculptural mais scriptural: il est une étoffe souple, fragile, serrée (la soie, bien sûr), simplement et comme immédiatement calligraphiée de deux traits; la « vie » n'est pas dans la lumière des yeux, elle est dans le rapport sans secret d'une plage et de ses fentes: dans cet écart,

Par-dessous la paupière
    de porcelaine,
une large goutte noire :
la Nuit de l'Encrier,
dont parle Mallarmé.

cette différence, cette syncope qui sont, dit-on, la forme vide du plaisir. Avec si peu d'éléments morphologiques, la descente dans le sommeil (que l'on peut observer sur tant de visages, dans les trains et les métros du soir) reste une opération légère : sans repli de peau, l'œil ne peut «s'appesantir» ; il ne fait que parcourir les degrés mesurés d'une unité progressive, trouvée peu à peu par le visage : yeux baissés, yeux fermés, yeux «dormis». une ligne fermée se ferme encore dans un abaissement des paupières qui n'en finit pas.

L'ÉCRITURE DE LA VIOLENCE

Lorsqu'on dit que les combats du *Zengakuren* sont organisés, on ne renvoie pas seulement à un ensemble de précautions tactiques (début de pensée déjà contradictoire au mythe de l'émeute), mais à une écriture des actes, qui expurge la violence de son être occidental : la spontanéité. Dans notre mythologie, la violence est prise dans le même préjugé que la littérature ou l'art : on ne peut lui supposer d'autre fonction que celle d'*exprimer* un fond, une intériorité, une nature, dont elle serait le langage premier, sauvage, asystématique ; nous concevons bien, sans doute, que l'on puisse dériver la violence vers des fins réfléchies, la tourner en instrument d'une pensée, mais il ne s'agit jamais que de domestiquer une force *antérieure*, souverainement originelle. La violence des *Zengakuren* ne précède pas sa propre régulation, mais naît en même temps qu'elle : elle est immédiatement signe : n'exprimant rien (ni haine, ni indignation, ni idée morale), elle s'abolit d'autant plus sûrement dans une fin transitive (prendre d'assaut une mairie, ouvrir une barrière de barbelés) ; l'efficacité, cependant, n'est pas sa seule mesure ; une action purement pragmatique met entre parenthè-

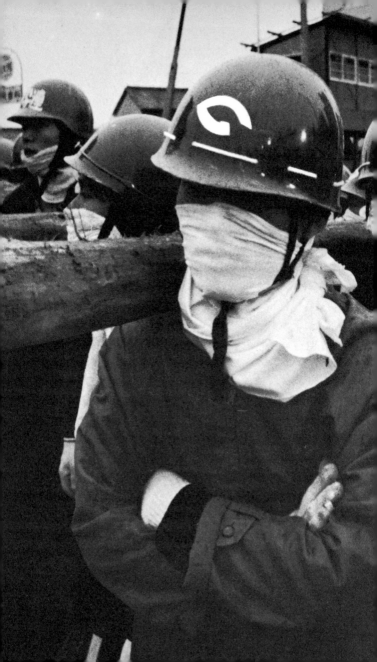

Etudiants

ses les symboles, mais ne leur règle pas leur compte : on utilise le sujet, tout en le laissant intact (situation même du soldat). Le combat *Zengakuren*, tout opératoire qu'il soit, reste un grand scénario de signes (ce sont des actions qui ont un public), les traits de cette écriture, un peu plus nombreux que ne le laisserait prévoir une représentation flegmatique, anglo-saxonne, de l'efficacité, sont bien discontinus, agencés, réglés, non pour signifier quelque chose, mais comme s'il fallait en finir (à nos yeux) avec le mythe de l'émeute improvisée, la plénitude des symboles «spontanés» : il y a un paradigme des couleurs – *casques bleus-rougesblancs* – mais ces couleurs, contrairement aux nôtres, ne renvoient à rien d'historique ; il y a une syntaxe des actes *(renverser, déraciner, traîner, entasser)*, accomplie comme une phrase prosaïque, non comme une éjaculation inspirée ; il y a une reprise signifiante des temps morts (partir se reposer à l'arrière, d'une course réglée, donner une forme à la décontraction). Tout cela concourt à la production d'une écriture de masse, non de groupe (les gestes se complètent, les personnes ne s'aident pas) ; enfin, audace extrême du signe, il est parfois accepté que les slogans rythmés par les combattants énoncent, non pas la Cause, le Sujet de l'action (ce pour quoi ou contre quoi l'on combat) – ce serait une fois de plus faire de la parole l'expression d'une raison, l'assurance d'un bon droit – mais seulement cette action elle-même (*« Les Zengakuren vont se battre »*), qui, de la sorte. n'est plus coiffée, dirigée, justifiée, innocentée par le langage – divinité extérieure et supérieure au combat, telle une Marseillaise en bonnet phrygien – mais doublée par un pur exercice vocal, qui ajoute simplement au volume de la violence, un geste, un muscle de plus.

LE CABINET DES SIGNES

En n'importe quel endroit de ce pays, il se produit une organisation spéciale de l'espace : voyageant (dans la rue, en train le long des banlieues, des montagnes), j'y perçois la conjonction d'un lointain et d'un morcellement, la juxtaposition de champs (au sens rural et visuel) à la fois discontinus et ouverts (des parcelles de théiers, de pins, de fleurs mauves, une composition de toits noirs, un quadrillage de ruelles, un agencement dissymétrique de maisons basses) : nulle clôture (sinon très basse) et cependant je ne suis jamais assiégé par l'horizon (et son relent de rêve) : aucune envie de gonfler les poumons, de bomber la poitrine pour assurer mon *moi*, pour me constituer en centre assimilateur de l'infini : amené à l'évidence d'une limite vide, je suis illimité sans idée de grandeur, sans référence métaphysique.

De la pente des montagnes au coin de quartier, tout ici est habitat, et je suis toujours dans la pièce la plus luxueuse de cet habitat : ce luxe (qui est ailleurs celui des kiosques, des corridors, des folies, des cabinets de peinture, des bibliothèques privées) vient de ce que le lieu n'a d'autre limite que son tapis de sensations vives, de signes éclatants

144

(fleurs, fenêtres, feuillages, tableaux, livres); ce n'est plus le grand mur continu qui définit l'espace, c'est l'abstraction même des morceaux de vue (des «vues») qui m'encadrent: le mur est détruit sous l'inscription; le jardin est une tapisserie minérale de menus volumes (pierres, traces du râteau sur le sable), le lieu public est une suite d'événements instantanés qui accèdent au notable dans un éclat si vif, si ténu que le signe s'abolit avant que n'importe quel signifié ait eu le temps de «prendre». On dirait qu'une technique séculaire permet au paysage ou au spectacle de se produire dans une pure signifiance, abrupte, vide, comme une cassure. Empire des Signes? Oui, si l'on entend que ces signes sont vides et que le rituel est sans dieu. Regardez le cabinet des Signes (qui était l'habitat mallarméen), c'est-à-dire, là-bas, toute vue, urbaine, domestique, rurale, et pour mieux voir comment il est fait, donnez-lui pour exemple le corridor de Shikidai: tapissé de jours, encadré de vide et n'encadrant rien, décoré sans doute, mais de telle sorte que la figuration (fleurs, arbres, oiseaux, animaux) soit enlevée, sublimée, déplacée loin du front de la vue, il n'y a en lui de place pour aucun meuble (mot bien paradoxal puisqu'il désigne ordinairement une propriété fort peu mobile, dont on fait tout pour qu'elle dure: chez nous, le meuble a une vocation immobilière, alors qu'au Japon, la maison, souvent déconstruite, est à peine plus qu'un élément mobilier); dans le corridor, comme dans l'idéale maison japonaise, privé de meubles (ou aux meubles raréfiés), il n'y a aucun lieu qui désigne la moindre propriété: ni siège, ni lit, ni table d'où le corps puisse se constituer en sujet (ou maître) d'un espace: le centre est refusé (brûlante frustration pour l'homme occidental, nanti partout de son fauteuil, de son lit, propriétaire d'un *emplacement* domestique). Incentré, l'espace est aussi réversible: vous pouvez retourner le corridor de Shikidai et rien ne se passera, sinon une inversion sans conséquence du haut et du bas, de la droite et de la gauche: le contenu est congédié sans retour: que l'on passe, traverse ou s'asseye à même le plancher (ou le plafond, si vous retournez l'image), il n'y a rien à *saisir*.

", au Sourire près.

TABLE DES ILLUSTRATIONS

TABLE DES MATIÈRES

ACHEVÉ D'IMPRIMER
LE 14 MARS 1980
SUR LES PRESSES D'HÉLIOGRAPHIA
LAUSANNE-GENÈVE

PRINTED IN SWITZERLAND